新NISAにiDeCo…いろいろあるけど

お金のプロは結局、これを選んでる

お金を増やす、超シンプルな資産形成の本

ファイナンシャル・プランナー 八木陽子

聞き手 中山圭子

青春出版社

はじめに・・・プロがやってる資産形成、聞いてきました！

「ＮＩＳＡ、新しくなって、さらにお得になったね」

「そういえばiDeCoを始めたら、税金が返ってきてさ……」


そんな周囲の話を何食わぬ顔で聞きながら、内心で、

（ヤバイ、早く始めなきゃ！）

（言われた通りにやってはみたけど、ホントにお得なのか実感がない……）

そんなふうに焦っているあなた。

この本を手に取られて正解です。

ご挨拶が遅れましたが、私はフリーランスで本の編集をしている中山圭子と申します。

仕事にかこつけて身につけたいスキルをその道のプロに突撃取材、「ずぼらな私でもできるシンプルな方法を聞き出しちゃおう！」という私利私欲にまみれた……読者の皆さんと情報を共有するスタイルを得意としております。

本書では投資ビギナーとして、簡単だけど損をしない方法を伝授してもらいました。

「面倒なこと、難しいことはムリ！」な、ずぼらな私でもできる方法をわかりやすく解説してくれる今回の師は八木陽子センセイです。

数々の頼もしい実績と肩書きをお持ちの八木センセイですが、「家計簿はつけないざっくり家計派」「細かい節約は苦手」と言われるだけあって、ずぼら派の気持ちを汲んだシンプルな方法を惜しまずぶっちゃけてくれました。

「投資は損するほうが難しい。しないのってもったいない」とのこと。

ならば、と調子に乗って、

「じゃ、八木センセイが何をどれだけ買ってるかも見せてください」

とお願いしたら、「いいですよ～」と現在だけじゃなく、これまでの投資遍歴も見せてくれました。数々の書籍を刊行してきた八木センセイですが、この本が初公開です。

プロの資産形成術とその利用の実績、さらには家族での投資の様子やご自身の失敗談まで、「読者の参考になれば」と披露してくれちゃってます。

これから投資を始める方、投資をもっと理解したい方の参考になれば嬉しいです。

投資ビギナー代表　中山圭子

はじめに・・・ずぼらさんでもできる投資を粘っこく追求!…されました

みなさん、こんにちは。ファイナンシャル・プランナーの八木陽子です。

この書籍の企画が立ち上がったときの話をしましょう。

ある日、編集者の中山圭子さんから突然ご連絡をいただきました。

「八木先生のお金の本、出したいですっ！　本当に読者のためになるお金の本が出したいんです！」

もちろん、それはとても嬉しいお申し出でした。本の読者であれ、マネー相談にいらした方であれ、消費者ファーストというのは大切なことですから。

とはいえ、多くのやりとりをしていく中、私の気持ちに暗雲が立ち込めました。

「この人（＝中山さん）、なかなか納得しないし、しつこいし、もうイヤかも……」

なぜなら、中山さんの粘っこさによって、
私の過去を洗いざらい話し、

20年近くにわたる投資遍歴を掲載することになったり、
投資経験者のアンケートをSNSで広く募ることになったり、
紙面公開のお金のコンサルを開催したり……
と疲弊するはめになったからです。

本書には、そんなたくさんの要素が盛り込まれています。

ようやっと中山さんが「これで原稿の制作に入りましょう」と言ったとき、私は心からほっとしました。

でも、苦労の甲斐あって、私にとって本書は、多くの方におすすめできるものに仕上がりました。どなたにとっても「納得！」「私もできる！」と思える資産形成をご紹介できているのではと思います。

八木陽子

「投資信託」の表現について（編集部註）

投資信託とは、多くの投資家から集めた資金を一つにまとめ、運用の専門家が株式や債券、不動産などに分散投資を行う金融商品のことで、「投信」「ファンド」などとも呼ばれます。この仕組みにより、個々の投資家は少額からでも多様な資産に投資することが可能になります。

本書では、文章内での見やすさや文字数に応じて**「投資信託」「投信」「ファンド」と複数の言葉で表現**しています。あらかじめご了承ください。

本書に掲載されている情報について

- ☑ 本書の目的は資産運用に役立つ情報を提供することです。特定の取引、商品の勧誘を目的としたものではありません。
- ☑ 本書に記載されている内容、数値、図表などは、特に記載のない限り、作成時のものであり、今後変更されることがあります。また、将来の市場環境や運用成果などを示唆・保証するものではありません。
- ☑ 投資は自己責任です。商品購入の意思決定は、ご自身の責任で行われるようお願いいたします。本書の内容を参考にして投資した結果、損害が発生した場合も、出版社、著者、その他関係者は一切の責任を負いません。

● 本書の登場人物

八木センセイ

信頼できる！

★金融商品は一切販売しない
ファイナンシャル・プランナー
＆コンサルタント

公平中立、顧客ファースト

★全国の親子が信頼する
お金の先生

親子でお金と仕事を学ぶ「キッズ・マネー・ステーション」主宰。
金融庁の認可法人「金融経済教育推進機構」（J-FLEC）の運営委員

リアルな
説得力!!

★人生資金は投資で準備！

子どもの学費、自宅の購入費は投資で増やして使う実践者

わかりやすい！

ずぼらライター中山

独立系投資信託を小学生（当時）の息子と旧 NISA で購入したのが投資の第一歩。iDeCo は 2020 年から。
新 NISA は楽天証券。高配当株にも興味津々。

投資ビギナーのみなさん

本書は、こんなあなたのための本です！

投資はコワイ…、NISA・iDeCo…、どうしたらいい？

お得な制度を知り、
無理せず投資をはじめる一歩に！

将来のお金の不安を解消したい…

人生プランを立てて、
資産形成できるように！

ラクしてお金を増やしたい！

危険をさけ、金融リテラシーも身につきます！

こんなあなたには、本書は向きません…

明日からFIRE生活！

トレーダーのスキルを
身につけたい

別の本をオススメします

最初に
ぶっちゃけ！

初心者のための超シンプル投資

準備

- ☑ **生活防衛資金**をストック（生活費6ヶ月分〜1年分）
- ☑ **5年以内に使うお金**は預金口座で管理

まずはコレだけ！

- ☑ **NISA口座**を開設
- ☑ **投資のゴール**を設定（子どもの学費、住宅資金など）
- ☑ **インデックス投信《ファンド》**（オルカン・S&P500など）を選ぶ
- ☑ **つみたて投資枠**で**毎月積立**
- ☑ **長期保有**でほったらかしOK！

＊60歳まで使わないお金はiDeCoも検討

NISAって何がいいの？

投資で増えた分に税金がかからないからお得！

なんでインデックス投信を選ぶの？

手数料が安くて低コストなのに成績優秀だから！

オルカン、S&P500って何？

優良企業が自動で選別されて
投資できちゃう投資商品のこと！

長期ほったらかし＆積立で大丈夫？

投資期間が長いほどリスクは軽減されます！

もくじ

新NISAにiDeCo…いろいろあるけど
お金のプロは結局、これを選んでる――お金を増やす、超シンプルな資産形成の本

はじめに……2
本書の登場人物……7
本書は、こんなあなたのための本です！……8
最初にぶっちゃけ！　初心者のための超シンプル投資……10

序章 お金の不安とサヨナラする方法、教えてください！

お金のプロのぶっちゃけ1　実は、私も「将来が不安なモヤモヤ状態」でした……20
お金のプロのぶっちゃけ2　ずぼらな私のお金の貯め方&増やし方、公開します！……26

お金のプロのぶっちゃけ③ お金についてみんなで学んだら、人生が好転した！ 30
プロの本音トーク 保険に入りすぎていませんか？ 36

1章 お金のプロの投資歴＆戦略＆使い方、見せてください！

私の資産形成のリアル、ぶっちゃけます！ 「手間なし＆負けない投資」のススメ 38
Q ところで、「投資のお手本」ってあるんですか？ 40
▼「長期・分散・つみたて」は負けない投資の合言葉 42
Q 八木センセイは、何をどれだけ買ってますか？ 48
▼ほったらかしOK！ インデックス投信をプロが選ぶ理由 50
Q 外国株と日本株のファンドの配分、どう決めてますか？ 54
▼「S&P500一択か、分散してオルカンか」への答え 56
Q S&P500、オルカンって、結局どれを買えばいいの？ 60

Q 債券ファンドって何？　買わなきゃダメですか？……62
▼債券は御守り。現金で備えるのもアリ　64
Q ずっと、ほったらかしでも大丈夫ですか？……66
Q アクティブ投信も買ったほうがいいですか？……68
Q 株価が暴落！　急いで売るべきですか？……69
▼インデックス投信は「どんなときも淡々と積立」が基本　70
Q 投資のお金は、どうやって使うのがお得ですか？……72
▼3大資金の上手な増やし方&使い方　74
Q ビギナー&忙しい人向きの投資法、結局どうしたらいい？……78
▼駆け出しFP時代からの投資歴、ぶっちゃけます！　80
プロの本音トーク「投資」と「投機」を区別しよう……86

2章 NISA・iDeCo・企業型DC…どう使うのが正解ですか？

プロももちろん使ってます！ お得な制度は、自分に合わせてコスパよく！ …… 88
Q ところで、いくら投資しちゃっていいですか？ …… 90
▼預貯金が十分でないうちは、少額の積立から 92
Q NISAについて、サクッと教えてください！ …… 94
▼つみたて投資枠・成長投資枠のオススメ活用法 96
Q iDeCoって何？ 誰でも使えますか？ …… 98
▼iDeCoのメリット&デメリット、上手く使うコツ 100
Q 企業型DCって何ですか？ 利用すべき？ …… 102
▼企業型DCとiDeCoは受け取り時の試算がカギ 104
Q iDeCo・企業型DC、受け取るときの優遇って何？ …… 106
▼iDeCoと企業型DC、お得に受け取る方法 108
Q 投資をするには…？ 証券口座はどうやって作るの？ …… 112
▼窓口を活用するときの注意事項 114
◆トライ！ ネットで証券口座を開設しよう …… 116
◆トライ！ ネットでiDeCoをはじめよう …… 118
プロの本音トーク 私がネット証券を勧める理由 …… 120

3章

アクティブ投信・個別株・独立系…もっと投資したいときは？

投資が楽しくなったあなたへ 成功のコツは「日々の生活が第一」のスタンス …… 122

Q 応援したい企業の株を買うのはどうでしょう？ …… 124

▼超基本！ 優良な個別株を選ぶ3つのポイント 126

Q 高配当株、高配当ETFって何？ どんな人向き？ …… 128

▼配当利回りだけで判断せず、長期保有できるものを選ぶ 130

Q アクティブ投信も興味あり。ファンド選びの注意点は？ …… 132

▼大量の商品から「自分好み」を見つけ出すツール 134

Q 独立系ファンドって、どうでしょう？ …… 136

▼手数料高めでも納得できる「付加価値」があるか 138

Q 家族で投資に参加するときの注意事項は？ …… 140

▼日本人が身につけたい、お金と上手につき合う方法 142

◆投資経験者に聞きました！ よかったこと 気づいたこと 変わったこと …… 144

◆投資経験者に聞きました！ 失敗したこと へこんだこと… 気づいたこと ……146
プロの本音トーク 投資の「情報」、どう見極める？ ……148

4章 これって損してる？ 注意したい商品&投資詐欺

投資で損をしない金融リテラシーを 「今だけ」「あなただけ」「必ず儲かる」には要注意！ ……150
Q 窓口で勧められた商品なら安心？ ……152
▼金融機関に行く前に知っておきたい！ 超・基礎知識 154
Q 退職、相続など、大金を手にしたら気をつけることは？ ……156
▼退職金狙いの商品は、ここをチェック&注意 158
Q 投資詐欺を見抜く方法ってありますか？ ……160
▼騙しのプロが使う手口を知ろう 162
プロの本音トーク 新旧いろいろ「ポンジスキーム」 ……164

コンサル実例

八木センセイのFP相談、初公開!

Q 投資初心者、何から始めたらいいですか? (入社2年目さん) …… 166
Q 貯金1000万円+余剰収入、効果的な運用は? (複業バリバリ高収入さん) …… 170
Q 貯めてきた資産、バランスはこれで大丈夫でしょうか? (50代お独りさま) …… 174
Q アラウンド定年からの投資、どう臨むべきですか? (アラウンド定年さん) …… 178
Q 備えは最低限、配当金で今を充実♪ってOK? (ぼちぼちフリーランスさん) …… 182
◆困ったときの連絡先&サイト一覧 …… 186
おわりに …… 188

イラストレーション:いけだいけみ/本文デザイン:浦郷和美
本文DTP:森の印刷屋/校正:鷗来堂/企画・構成:中山圭子

序章

お金の不安とサヨナラする方法、教えてください！

お金とキャリアの、
モヤモヤ…&逆風を
スッキリさせた私の
方法、ぶっちゃけます！

お金のプロのぶっちゃけ 1

実は、私も「将来が不安なモヤモヤ状態」でした

改めまして、こんにちは。ファイナンシャル・プランナーの八木陽子です。

人生100年時代、老後2000万円問題、少子高齢化で公的年金が改悪か……。

メディアから将来が不安になるような話題がたくさん流れてきます。

「今のままで将来の生活、大丈夫かな？」

そんな漠然とした不安を感じている人は多いと思います。

今でこそ「お金のプロ」と言われてお悩みを解決していくお仕事をしていますが、実は私自身、モヤモヤと漠然とした不安を感じている一人でした。


大学卒業後、出版業界で情報誌の取材に飛び回っていたのですが、結婚後、夫の転勤を機に会社を辞めて赴任先の九州へ。

初めのうちは独身時代の仕事の忙しさの反動もあって、海外へ旅行したり、思う存分家でのんびりしたりして、余暇を楽しみました。

でも、楽しいことをして自由な時間を謳歌しているはずなのに、だんだん手放しで楽しめなくなってきました。

いつもどこかにモヤモヤした不安がついて回るんです。

それもそのはず、当時の私は、客観的に見たら**遊びほうけて散財しているだけ**。独身時代に貯めたお金はどんどん目減りしていく。

お金はない、仕事はない、子どももいない、夫はいるけど朝から晩まで仕事や飲み会でいないし、親しい友人はみんな東京。

「なんで私ここに来たんだろう……」

社会から分断されている感覚もハンパなく、振り返るとあの頃は人生で最悪な時期だったかもしれません。


あるとき、市役所から送られてきた国民健康保険料の通知を見て、その金額にガクゼンとしました。これまでは会社員でしたから、社会保険料は税金とともども給料から天引きされていて、金額はノーチェック。でも、今は無職なのに……。

「所得0円なのに、なぜ⁉」と納得のいかない思いとともに疑問も溢れ出しました。

とりあえず、ぼやいていても仕方ありません。

「人生立て直さないとっ！」とたるみ切っていた気持ちを引き締めました。

不安の根源にあるのは、将来が漠然としていること。

一生働かずにすむほどの資産家じゃない。10年後って何してるだろう？　私のできることってなんだろう？

子どもだってできればほしいし、そうなれば育児や学費でお金もかかる。とはいえ、時間には限りがある。

30になった私は、再び自分探しをするように仕事を模索しました。

前職では、コスメ、食、ファッション系の主に女性向けの情報誌づくりをしていました。それなら楽しくできるし、企画や取材にも自信はあります。

でも、それって他の人でもできること。「**誰もやっていなくて必要な仕事って何だろう？**」と考えました。

どうせなら、新しいことにトライしてみたい。

漠然とそんなことを考えていたとき、ふと思い出したのが雑誌編集者時代に担当した「女性とお金」の特集です。

私はもともとお金に対して大ざっぱな性格。「ざっくり収支が把握できて赤字にならなきゃＯＫでしょ」というスタンスで、給与明細も「どうせ給料も上がってないし」と手取額だけ確認して捨てていました。

そんなずぼら家計でやってきたものの、その特集を担当したとき、

「**お金のことわかってないと、今後の長い人生、よくないかも……**」

そんなモヤモヤした不安が心に湧き上がったんです。

当時は忙しさもあって、変わらぬ生活のまま、いつしか忘れてしまいました。

でも、その不安がむくむくと再燃。

たとえば、健康保険料。会社を辞めて引越し先の自治体で国民健康保険に加入したのですが、勤務していた業界健保の任意継続制度を利用すればもっと安くすんだと知ったときは、すごく理不尽な気持ちになりました。

「知ってたら損しなかったのに。大事なこと、知らないなんてー」と。

誰もが使うお金。

生きていく上で欠かせないもの。なのに、なぜかきちんと教わってこなかった。

お金の知識を身につけるってとても大切なこと。

よし、まずは、これにチャレンジしてみよう。

お金の知識を得て仕事にもつながるものは……と調べたところ、FP（ファイナンシャル・プランナー）という資格があることを知り、さっそくFPの勉強を始めました。資格を取得して仕事も紹介されるようになり、業務も経験。いい先輩にも恵まれました。知識とスキルを身につけるほど、視野が広がっていきました。

お金の勉強をすることは、自分の人生を見つめることです。

お金の勉強の第一歩は、「こんなふうに生きたい」というライフプランを作ること。

3ヶ月後、私はどうしていたい？

1年後は？　3年後は？　10年後は？

どんな家庭を持って、どんな仕事をして、どこでどんな家に住んで、どんな仲間や友人と、どんな人生を歩んでいきたい？

もちろん、人生は思い通りにいかないことも多いですから、そのつど修正しますが、大事なのは「どうありたいか」。

「こうなりたい」という目標や「こうありたい」という軸がないと修正しようがありません。

そんなふうに**ロングスパンで人生を見通しながらお金のことを学んでいったら、モヤモヤが晴れた**んです。

夫の転勤で知らない土地にきて自分は不運だと後ろ向きな思考になっていた私。

でも、必要な知識を身につけてちょっと先を眺めてみたら、新しい選択肢が見えて、未来が明るくなりました。

お金にかかわる適正な知識と判断力。

もしかして、これが「金融リテラシー」というものじゃない？　と気づいたのでした。

お金の不安とサヨナラする方法

結論①

金融リテラシーを身につけて、望む未来へのプランを立てる！

お金のプロのぶっちゃけ②

ずぼらな私のお金の貯め方&増やし方、公開します！

まず最初に結論から。

私の現在の投資法は、全世界に分散させた**インデックス型の投資信託（インデックス投信《ファンド》）をメインに長期保有**する手法です（詳しくは48頁～紹介しています）。

投資信託というのは、ざっくり言うと株や債券の詰め合わせパックのこと。

インデックス型というのは、これまたざっくり言うと、市場全体と一緒に上がったり下がったりするタイプのものです。

つまり私は、「**世界の産業や経済が発展する**」ということに期待をして投資しているんです。

読者の中には、

「お金のプロなんだから、有望な企業を分析して、これぞという株をタイミングを見ながら、個別に売り買いしているのだろう」

そう思った人もいるかもしれません。そういったことをしていたこともあります。デイトレードやＦＸ（為替取引）などの投機的なことをやってみたこともあります。いろいろ経験した結果、今の投資法に落ち着きました。

理由は、**インデックス投信の長期保有がずぼらな私にいちばん向いている**からです。

もともと、あまり細かいことをするのは苦手な私。家計簿をつけて収支を1円単位で把握するといったことは、ＦＰの勉強もかねて一度はやりましたが、もともとざっくり家計派です。細やかな節約も得意ではありません。

まして、仕事をしながら、家事も育児もとなると、かける手間は少ないほうがいい。

インデックス投信なら、やることは長期で積み立てながら保有するだけ。ずぼらで面倒くさがり屋の私でも、初心者でも、忙しい人でも、だれでもできます。

「投資はお金が減ることもあるでしょう？　それなら貯金だけのほうが安心では？」

そう思った人もいるかもしれませんね。

でも、貯金だけで「安心」を手に入れられたでしょうか？

昨今の物価上昇やインフレ、円安では、円の価値はどんどん下がり、実質的に手持ちの現金は減っていく状況。それなのに賃金はなかなか上がらない。銀行の金利は雀の涙。将来の生活、大丈夫かな……。そんな不安から、この本を手に取った人もいるのでは？


私自身は、祖母や両親が投資をしており、家族の間で日常的に投資の話が出るような環境で育ちました。大学に入学したとき、これまでのお年玉で投資してくれていたものを父から渡され、「へぇ、こんなに増えるんだ」と感動しました。

ＦＰの勉強でライフプランを作ったときに痛感したのが、「会社勤めの給料だけで人生の資金を賄《まかな》うのって、けっこう大変」ということ。

教育資金、住宅資金、老後資金など、必要なときに不自由しないだけのお金を貯めようと思うと、貯金だけでは難しい。自然と、投資という選択肢が浮かびました。

実際、我が家では**教育費や住宅費は投資で運用した資金が活躍**しました。

銀行口座にお金を預けるのも、証券口座で投資商品を運用するのも、どちらもお金を管理するための手段と言えます。

多くの人が安心して資産を運用できるように、投資を**人生設計の一つの手段**として利用する方法を本書では紹介していこうと思います。

お金の不安とサヨナラする方法

結論②
優良なインデックス型ファンドの力を利用する！

お金のプロのぶっちゃけ③

お金についてみんなで学んだら、人生が好転した！

「お金儲けの話をするのは品がない」
「投資はギャンブル。働かないでお金を得るのは真っ当じゃない」
「子どもにお金の話？　冗談じゃない！」

そんな空気が以前の日本にはありました。

今でもありますが、ＮＩＳＡなどの公的な制度がはじまって、そうした雰囲気はずいぶん薄れてきたようです。

２０２２年４月からは、**高校で資産形成に関する授業が拡充**されました。

20年ほど前から、親子でお金と仕事を学ぶ団体「キッズ・マネー・ステーション（ＫＭＳ）」を主宰・運営して子どもの金融教育に取り組んでいた身としては、ここにいたるまでの道のりを思うと感慨深いです。

ＦＰの仕事をはじめた当初から、**「こんな大事なこと、なんで子どものうちから教えないの？」**と疑問でした。

外国ではどうなのかと調べてみると、アメリカでは１９６０年代から学校での消費者教育が始まり、１９７０年代には全国規模の経済教育がされています。

「オーストラリアは金融教育が進んでいるらしい。話を聞きに行こう」

あるとき仕事仲間に誘われてオーストラリア大使館へ行ったところ、大使館の人に、「私が話してもいいけれど、現地の小学校を見たほうがよくわかって面白いですよ。メルボルン大学の教授にも話を通しておきますから」と言われて、「じゃあ、行きます！」と即決。５歳の息子を連れて現地視察へ行きました。

現地の小学校でお金のことを教えているのを目の当たりにして、

「子どもにもお金のこと、教えられるんだ！」

と衝撃を受けたことは忘れられません。20年前の話です。

子どもたちが楽しそうに学ぶ姿を見て、金融教育の必要性を確信しました。

「お金のことを知って人生のプランを立てることは、前へ進む力になる」

このことを子どもから大人までたくさんの人に伝えたい。

学校で教えないなら、私が教えよう。そう決心しました。

ただ、はじめた頃は、びっくりするほど理解されず、逆風にさらされました。

「子どもにお金の授業？　子どもは泥んこになって遊んでればいいんだよ」

教育関係者と話していても、そんな対応でした。

お世話になっているFPの大御所の方がいたので、この人なら味方になってくれるかな、と相談に行ったら、

「**その行動力と情熱は保険を売るほうに注いだらいい。教育はお金にならないよ**」

と言われたこともあります。

FPは会社員向けのセミナーなどで保険を売らないと食べていけない時代でしたから、ごもっともなご意見でした。理解されず悔しいな、と思いつつも、「絶対に必要な人はいるし、今後はもっと必要になる」と確信していたので気持ちが揺らぐことはありませんでした。

実際、自分の子どもに教えたり、小規模な親子向けの勉強会などを開催したりすると、子どもたちは興味津々で食いついてきます。

おこづかいの決め方や使い方、海外のいろいろなお金のことや円高・円安の話、ヒッ

キッズ・マネー・ステーションの夏休みの講座には毎年たくさんの親子が参加！

ト商品を考えるワークショップなどなど……、子どもたちは、気づきを得るたびに目を輝かせて取り組んでくれます。

「自分で考えてお金を使ったり貯めたりするのって、楽しい！」

「こんな工夫をしたらヒット商品になりそう！喜んでもらえるかな？」

「お金って、家族が一生懸命働いて手に入るもの。おこづかいはよく考えて使いたい」

「いい商品やサービスを作った会社に投資すると社会もよくなるんだね。投資ってすごい力だね」

こんなふうに、ピュアな発想や言葉にこちらが刺激をもらうこともしばしばです。

そんな活動を続けるうちに、他のＦＰやＰＴＡ活動をしている親御さん、学校の先生から、「子どもにお金のことを教えるノウハウを教えてほしい」というリクエストがくるようになりました。これまでの活動が口コミで広がったのです。

初めのうちは、個別に対応していたのですが、数がどんどん増えていきます。

メンバーと相談して、

「じゃあ、講座の形にして希望者を募ってみようか」

「認定講師を育てよう」

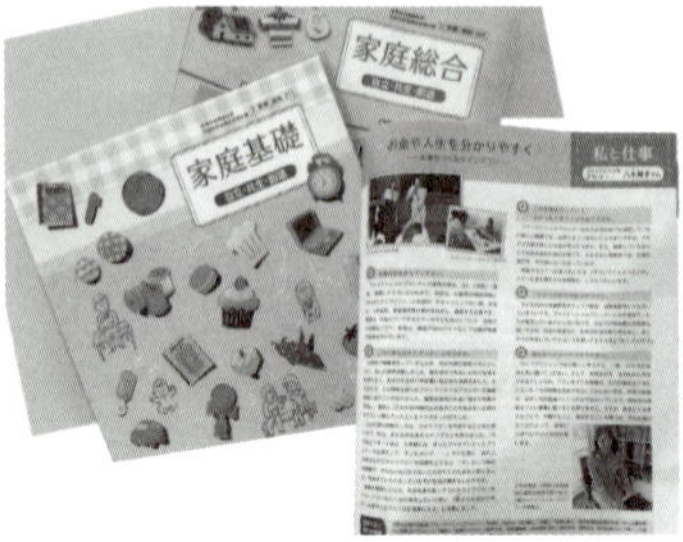

そんなふうに組織化していきました。

民間の金融機関からも依頼が来て、さらに自治体や文部科学省、金融庁などの官公庁で講座が実施できるようになり、手応えは確かなものに育っていきました。

２０１７年には、文部科学省検定の家庭科の教科書に「お金や人生を分かりやすく〜未来をつくるライフプラン」という内容で「ファイナンシャルプランナー」という職業と一緒に、それまでの活動が紹介されました。

２０２４年４月からは金融庁の認可法人「金融経済教育推

進機構」（J－FLEC）の運営委員に就任。内示をいただいたときは、ただただ驚きでしたが、金融教育をより大きな視野で見渡しながら関わっていけることにワクワクしています。

お金の知識は、老若男女すべての人に必要なものです。

身につけることで、よりよく人生を生きようとする力になります。

そして、みんなで学ぶことで自分だけではなく家族も周囲の人たちも、ひいては社会全体が幸せになっていくものです。

二十数年前、モヤモヤと悩み、自分の置かれた境遇を悲観し凹んでいた私が、読者のみなさんにお約束します。

お金の不安とサヨナラする方法

結論③

「自分」と「社会」の幸せが両立する道を行く！

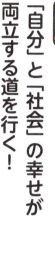

プロの本音トーク

保険に入りすぎていませんか？

ＦＰとして相談を受けるようになって思ったのは、みなさん保険に入りすぎ、ということ。家計の改善は余分なコストのカットからですので、見直しをオススメします。長年、金融商品を一切販売しないＦＰとして「顧客の利益第一」を信条としてやってきたこともあり、相談現場では、「この保険は解約しても大丈夫」と指摘することも多いです。

もちろん保険には、もしものときに助けとなる大切な役割があります。ただ、公的年金には**障害年金や遺族年金などの保障がある**ことを忘れないでください。公的な保障では足りず、プラスで保障がほしいとき、足りない分だけ民間の保険に入ればよいのです。十分な貯金があるなら保険は必要ありません。保険は、なんとなく不安だからではなく、必要な保障額を認識したうえで入るものです。

そして、保険は、あくまでも保障。お金を増やしたいなら、自分で運用しましょう。「**保険と投資は分ける**」が鉄則です。なんとなく保険に入っていたという人には、必要のない保険を見直して、浮いたお金を貯蓄や投資に回すことをご提案しています。

お金の知識を身につけていくと、よくわからないまま「なんとなく安心……」という選択をしなくてすむようになりますよ！

1章

お金のプロの投資歴&戦略&使い方、見せてください！

私の投資商品の選び方、
メンテナンス法、
暴落時の対応、
取り崩し方…
ぶっちゃけます！

私の資産形成のリアル、ぶっちゃけます！

「手間なし&負けない投資」のススメ

投資ビギナーさんを含む多くの人に私がオススメするコスパとタイパ最強の投資は、「かける手間が少なくて、長期で見たら負けない投資」。

具体的にいうと「**インデックス型の投資信託を中心に長期保有する投資**」です（くわしくは48頁～紹介）。

これは私自身の経験から自信を持って初心者にオススメできるもので、実際に私自身が行っている投資スタイルです。

ここにたどり着くまでには、いろいろな投資を経験しました。

個別の株式投資、金積み立て、ＥＴＦ、外国債券、個人向け国債など、様々な商品に幅広く投資していました。デイトレード、ＦＸ（為替取引）、暗号資産への投資をしていたこともあります（今でも続けているものもありますが）。

アクティブ型の投資信託も好きでいろいろなファンドを積極的に選んで、時機を見て

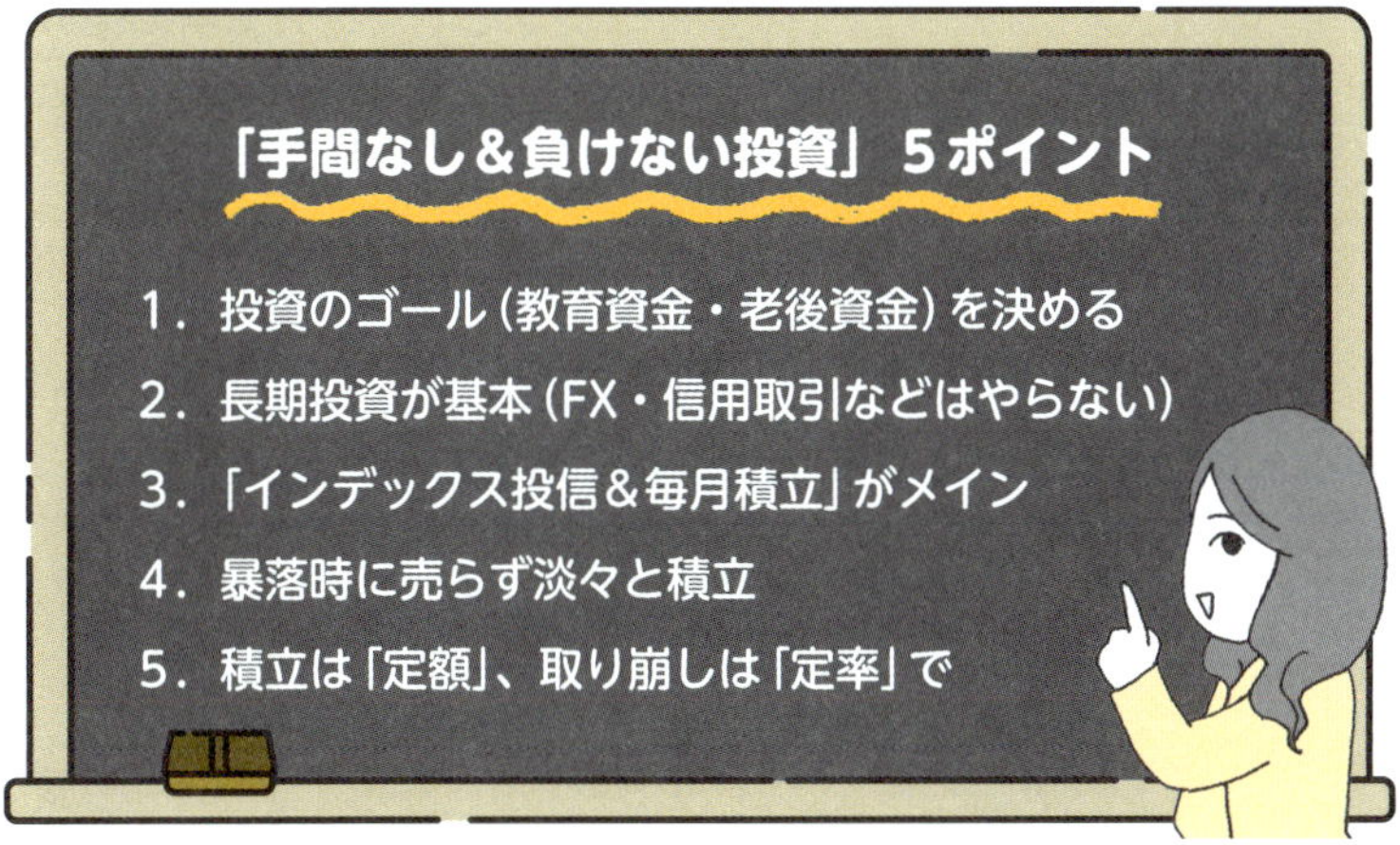
「手間なし＆負けない投資」 5ポイント
1. 投資のゴール（教育資金・老後資金）を決める
2. 長期投資が基本（FX・信用取引などはやらない）
3. 「インデックス投信＆毎月積立」がメイン
4. 暴落時に売らず淡々と積立
5. 積立は「定額」、取り崩しは「定率」で

売り買いもしていました。

経験することで、それぞれのメリットもデメリットも理解しました。

かれこれ十年、そんなふうにいろいろな投資と向き合った結果、「多くの人に向いている」とわかったのがインデックス中心の投資スタイルです。

この章では、一人の個人投資家として、また金融教育のプロとして、そして働きながら子育てする一人の親として行き着いた手法を具体的に紹介し、投資の基本もわかるように解説していこうと思います。

「難しい計算や企業分析なんてムリ」
「仕事や家事が忙しくて時間がない」

そんな人が安心してトライできる投資です！

Q ところで、「投資のお手本」ってあるんですか？

質問への答えはズバリ、「**長期・分散・つみたて**」。投資の超基本です！
私の投資スタイルをお見せする前に、まずはこちらをご紹介しましょう。

長期投資…一度買ったら短期的に売らず、5〜15年以上保有する
分散投資…一つの資産に集中するのではなく、さまざまな資産に分散して投資する
つみたて投資…一度に投資せず、時期を分けて定期的に投資する

この3つは、**投資のリスクを軽減するための鉄則**。
投資では、利益が出ることもあれば損失が出ることもあります。
その幅をなるべく小さく抑えるには、この3つが有効とされています。
資産を守るために、覚えておいてください。

◆投資リスクをコントロールする3ポイント！

長期投資

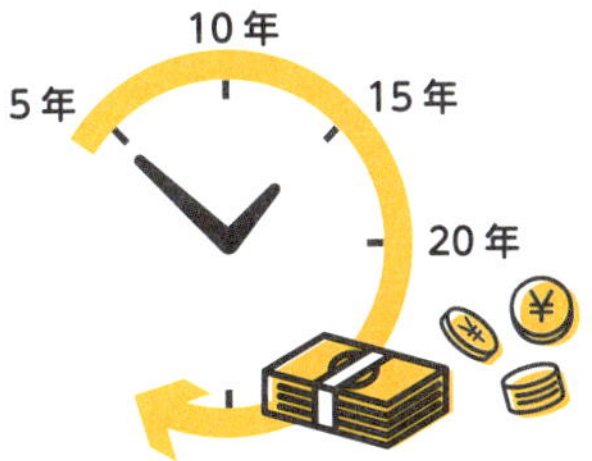

分散投資

つみたて投資

高校生も授業で習う、投資の基礎知識です！
これを知っているだけで、大きなリスクは避けられます。次頁から詳しく説明しますよ

テストに必ず出るやつね

八木'sポイント

「長期・分散・つみたて」は負けない投資の合言葉

私は「投資ってお金が増えそう♪」って能天気に始めちゃいましたが、「元本が保証されない投資は心配。預金のほうが安心」って声はよく聞きます。

5年以内に使う予定のお金なら現金で持っておくのは正解。でも、必ずしも**預金なら安心とは言えません**。ここ数年の日本の物価高を見ても明らかですよね。

確かに！　卵なんて、ちょっと前まで1パック100円ちょいで買えたのに今じゃ200円以上。物の値段が上がって、以前の金額じゃ買えない……。

通貨の価値が下がるインフレは、現金が減るのと同じこと。歴史的な視野で見ると人類の歴史はインフレとともにあるといえます。ですから、株式や債券などのインフレの影響を受けにくい資産も持っておくのがリスク管理の一つです。

ふむふむ、**投資をしないのがリスクになる**、と。

✦「長期投資」は負けない投資！

MSCI ACWI 連動型に月１万円 ×20 年投資した場合

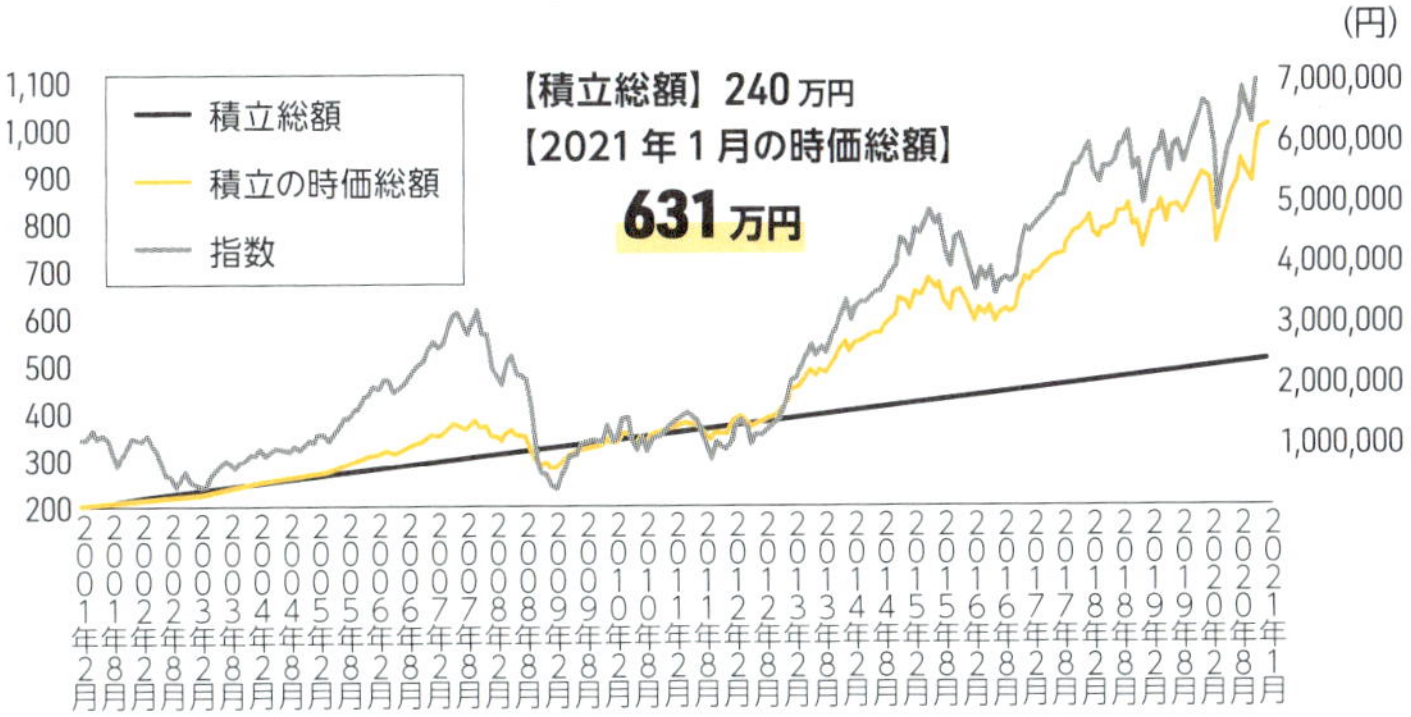

MSCI Inc. の HP「MSCI オール・カントリー・ワールド・インデックス」のデータより、(株) イー・カンパニーで作成

「投資でお金が減るのは不安」というのはもっともな心配です。だからこそ、リスクコントロールが大事。負けない投資の合言葉「**長期・分散・つみたて**」は資産が大きく減るのを防ぐ方法です。上のグラフを見てください。

凸凹してるけど全体的に右肩上がりですねぇ。なんですか、コレ？

世界の多様な業種の企業の株を集めた投資信託に投資した場合の積立総額と時価総額（企業の株式市場での価値）の過去20年間の推移です。短期で見ると大きく下がっている部分もありますが、**長期では資産が大きく増えています。**

確かに！　下がっても、もち直して20年で倍以上になってる！

大きく下がったのは、2008年のリーマンショック、2020年のコロナショックなど。でも、一時的に暴落した株価も上がってくる。経済の成長と発展の結果ですね。さらに、**長く運用するほど複利の効果も大きくなる**んです（下図）。

暴落時でも慌てず持ち続けられる分だけ投資するのが大事なのね。

それから、分散投資も大事です。コツは、**資産・地域を分けて投資**すること。参考にしてほしいのは次頁の図、

✦長期投資は「複利の効果」が大きい！

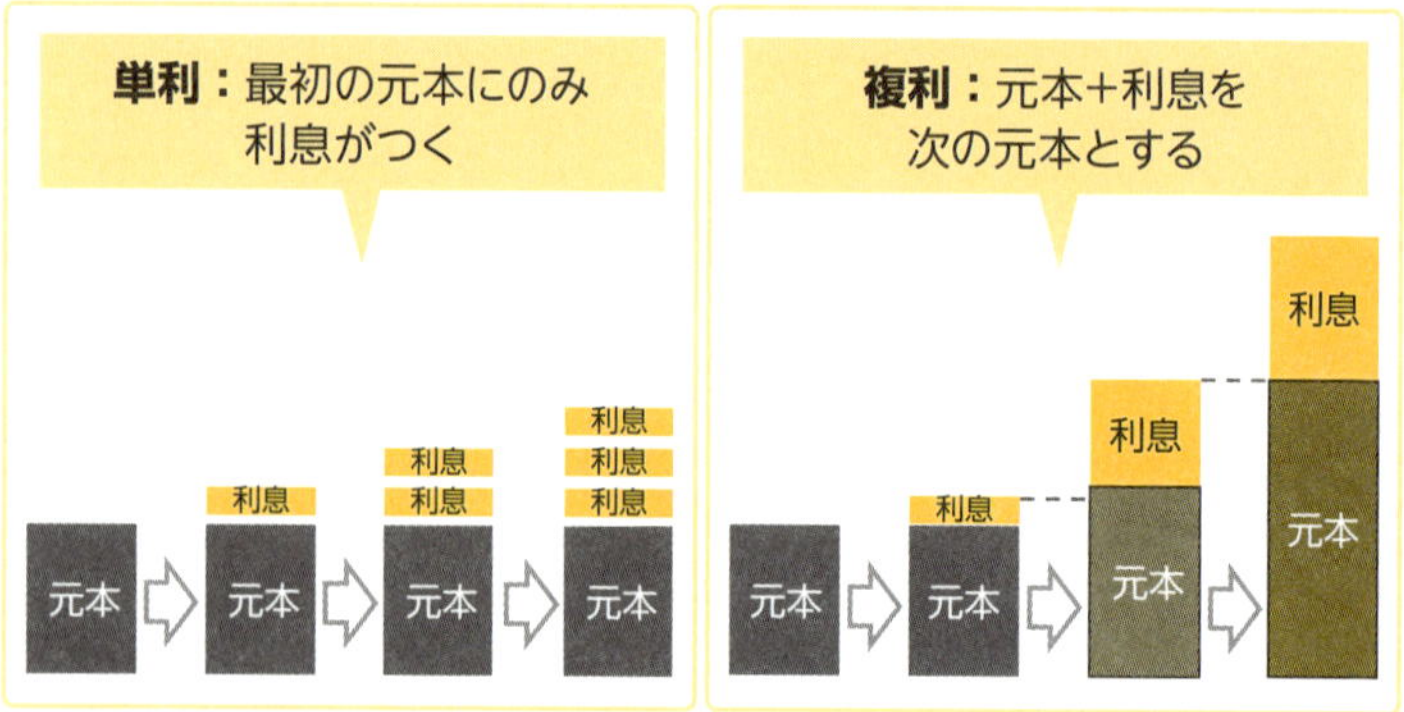

単利：最初の元本にのみ利息がつく
元本
利息
元本
利息
利息
元本
利息
利息
利息
元本
複利：元本+利息を次の元本とする
元本
利息
元本
利息
元本
利息
元本

投資期間が長ければ長いほど、「単利」との差は広がる！

✦「分散投資」のお手本ポートフォリオは、コレ！

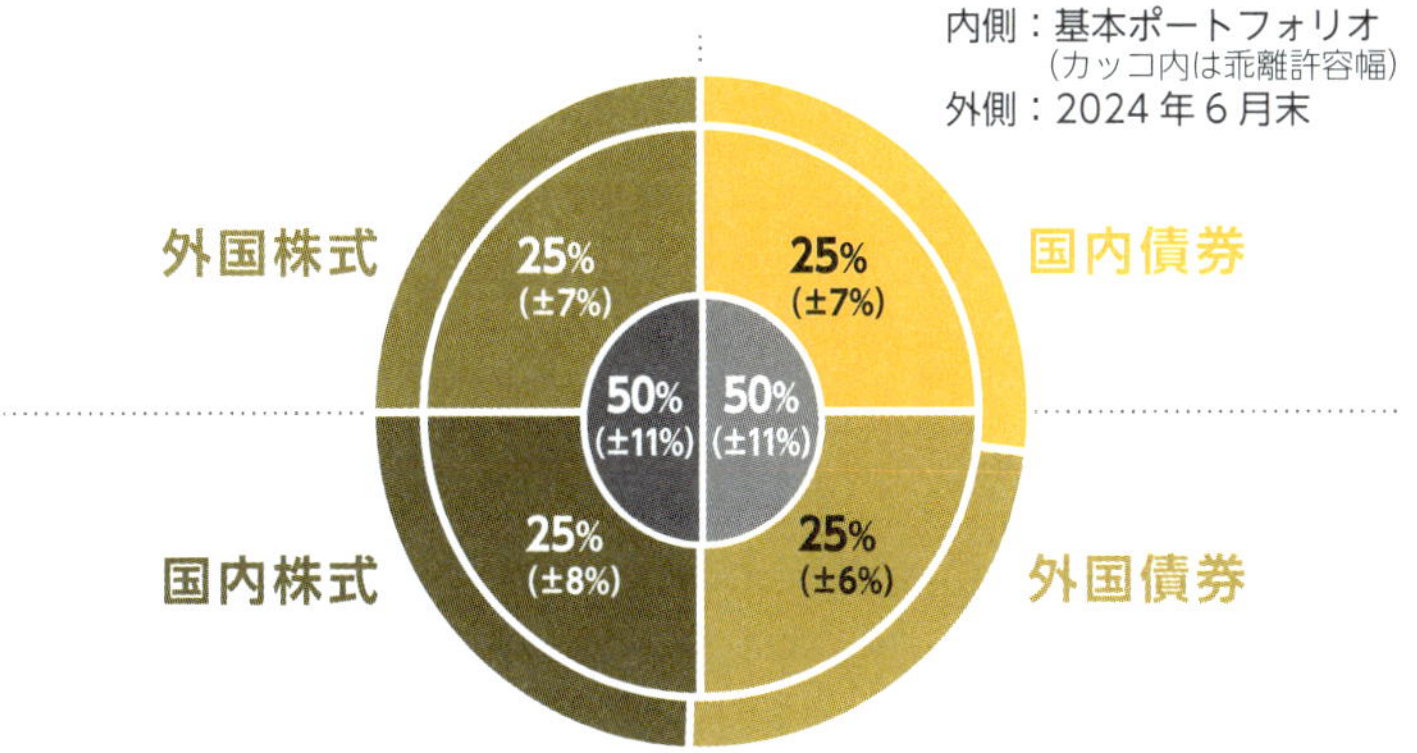

GPIF（年金積立金管理運用独立行政法人）の運用資産額・構成割合

GPIF（年金積立金管理運用独立行政法人）のポートフォリオ（金融商品の組み合わせ）です。株式と債券をそれぞれ日本と外国で半分ずつ運用しているシンプルな配分です。2023年度の運用収益は国内外の株高と円安もあって、45兆4153億円、**過去最高額**でした。

ふおぉ、キレイな4分割。シンプルなのに、優秀な成績！

「すべての卵を一つのかごに盛るな（Don't put all your eggs in one basket）」という有名な投資の格言があります。「一つの商品（個別株など）だけに全ての資産を集中してしまうと、その商品が暴

落したとき大損失になる、という意味です。

集中投資だとコケたときのリスクが大きいから、分散しておくのね。

負けない投資の最後の合言葉は、つみたて投資。時間を分けて投資することなので分散投資の一つともいえるかな。「**ドル・コスト平均法**」という定額を定期的に積み立てていく方法が有名。これは、決まった金額を購入することで、**安いときはたくさんの口数(*)を買えて高いときは買い過ぎない**、賢くお得に購入できる手法です。証券口座で「定額購入」の設定をしてしまえば、あとは自動で積み立ててくれます。

貯金感覚で投資ができるのね！ 自動ならラクで助かるな～。

少額から始められるのがつみたて投資のいいところ。一括で集中投資できるならそのほうが運用成績はいいという研究もありますが、「買い時がいつなのか」と考え悩むことになります。

つみたて投資なら設定後は自動で振替られていくので、**心理的な負担はなし**。初心者や少額から投資を始めたい人、投資に手間をかけたくない人、投資でストレスを感じたくない人には、つみたて投資がオススメです。

◆ ドル・コスト平均法でお得に「つみたて投資」！

定額を定期的につみたて投資すると…

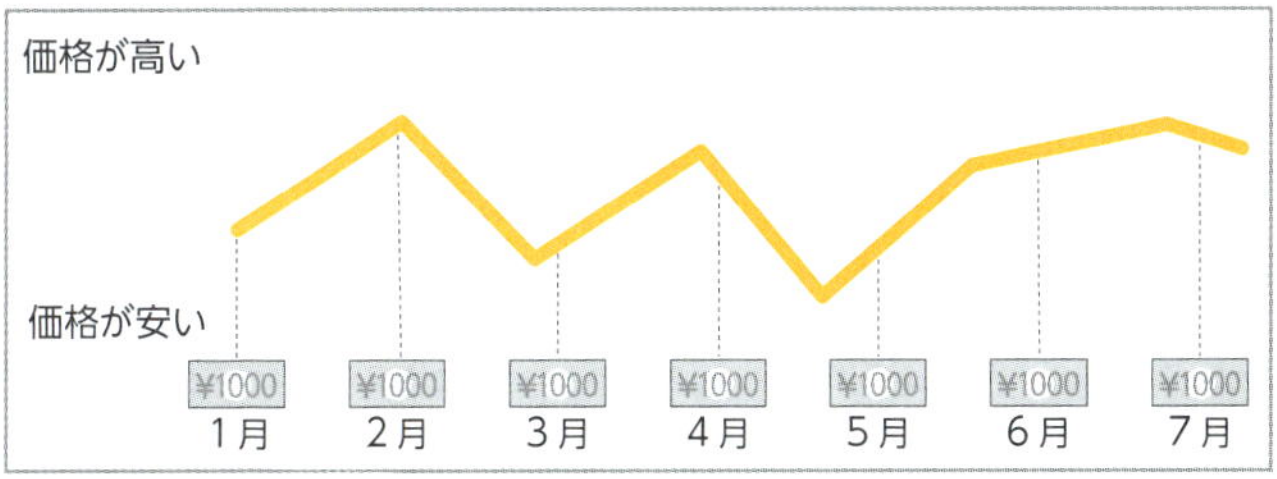

・安いときは口数(*) を多く買える → **オトク！**

・高いときは口数(*) を少なく買う → **無駄遣いしない！**

結果として、高値づかみのリスクが抑えられる

＊**口数：**投資信託の取引単位。株式の「1株」に当たるのが投信の「1口」

積立設定でコスパよく
低リスクなのは助かる～♪

メリットをまとめると、こうなりますね

- 価格変動リスクの低減
- タイミングを気にしなくて OK
- 少額から投資できる
- 手間がかからない

Q 八木センセイは、何をどれだけ買ってますか？

現在の私の投資スタイルは、全世界に分散させた**インデックス型の投資信託（インデックスファンド）をメインに長期保有**するものです。

新ＮＩＳＡのつみたて投資枠では海外インデックスファンド、成長投資枠ではアクティブファンドを中心に設定して積み立てています。

すべて投資信託で、現在、個別株は買っていません。

売り買いはせず、長期で積み立てることが前提。

海外株と日本株の比率は７対２くらいです。

アクティブファンドが４割と多めに見えるかもしれませんが、以前は半分がアクティブ型で、インデックス型は２～３割、アクティブ型メインでした。

それが数年前、長年の投資経験から「**手間ヒマかからないのに成績優秀**」なコスパ最強のインデックスファンドにシフトチェンジ。仕事が忙しく、ほったらかし状態ですが、長期投資が前提の資産なので、短期での上がり下がりは気にする必要もありません。

◆八木センセイのポートフォリオ、公開！

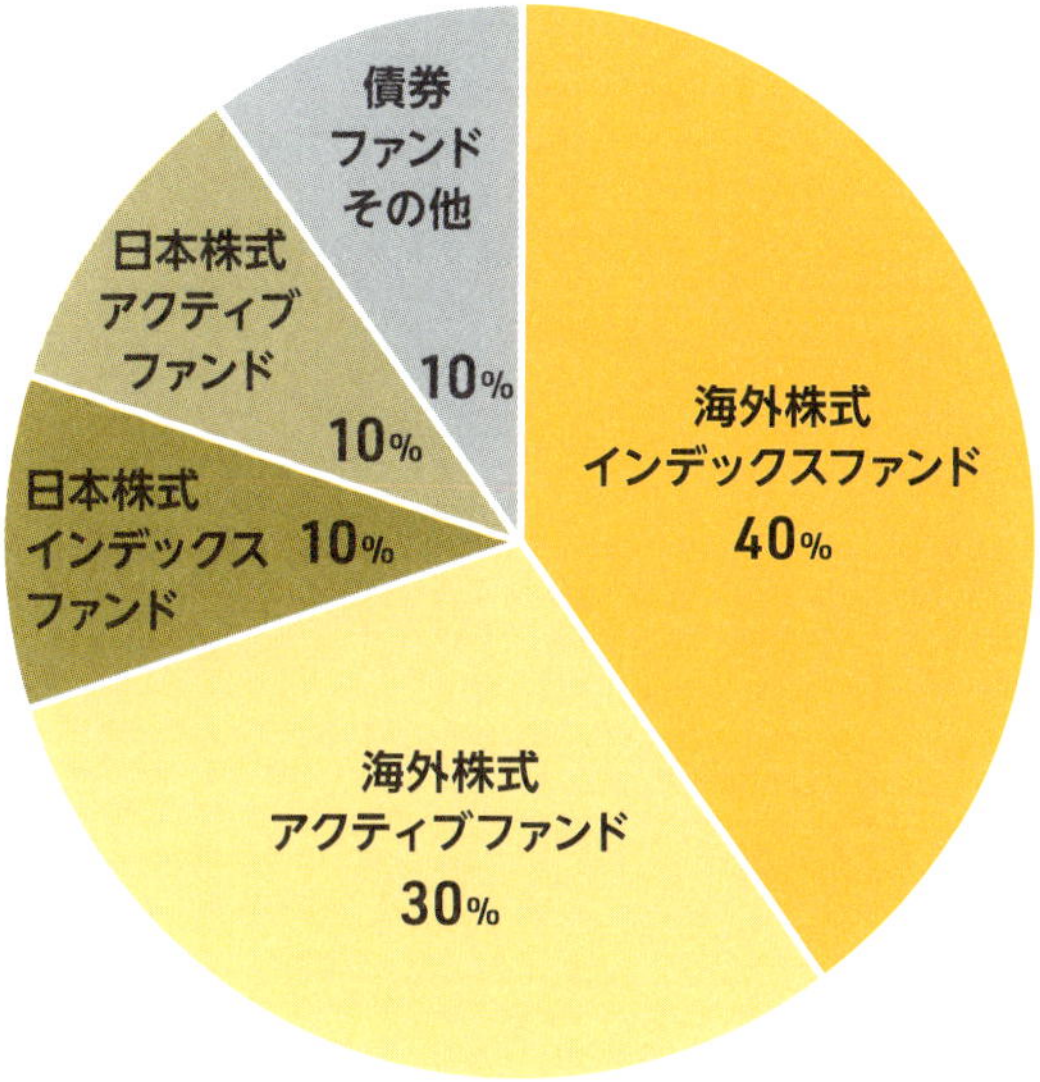
海外株式
インデックスファンド
40%
海外株式
アクティブファンド
30%
日本株式
インデックス
ファンド
10%
日本株式
アクティブ
ファンド
10%
債券
ファンド
その他
10%

おお、コレがお金のプロの投資配分！
海外が多めで、インデックスがメインなのね

投資ビギナーさんや、仕事や家事で忙しい人なら、まずは、オルカンなどの全世界に分散されたインデックスファンドを１つ選んではじめるのがオススメですよ

八木'sポイント

ほったらかしOK！　インデックス投信をプロが選ぶ理由

私も投資信託から始めたクチ！　サクッとおさらいしたいです～。

投資信託（投信・ファンド）は、複数の株式や債券の**詰め合わせパック**。日本株のパック、アメリカ株のパック、全世界パックなどの地域ごとの詰め合わせや、ハイテク株パック、医療系株パックなどのジャンル（投資用語でセクター）別の詰め合わせなど、いろいろあります。

一つの株を買うより初めから分散ができて楽チン～。インデックス型とアクティブ型の違いもお願いします。

インデックスは「日経平均株価」やアメリカの「S&P500」などの市場の動きを示す指標のこと。つまり、インデックス型のファンドとは市場の指標に連動した投資信託のこと。指標と同じ値動きを目指すため**低コストで手数料が低い**のがメリットです。

アクティブ型はファンドマネージャーというお金のプロが企業を調査・分析、市場の平均以上のリターンを狙って運用、そのぶん**手数料が高い**のが特徴です。

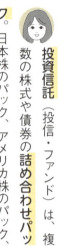

✦投資信託（投信・ファンド）とは？

投資信託（ファンド）

国内 海外
株式
債券
不動産など

詰め合わせパック
みたいなものか

✦インデックスとアクティブ、何が違うの？

	アクティブファンド	インデックスファンド
運用方針	日経平均などの市場平均指数以上の運用成績を目指す	日経平均など市場平均指数に連動した運用成績を目指す
投資判断	ファンドマネージャー	オートメーション化
コスト	ファンドマネージャーが調査・分析などを行うため、高め	オートメーション化しているため、低め
運用成績	商品や時期によってばらつきが大きい	市場平均指数と連動しているため、商品によって差が出にくい

インデックス型は手間がかからないから
手数料が安く、アクティブ型は人件費な
どの分だけ手数料が高くなるってことね

こうやって聞くと、アクティブファンドのほうがお金が増えそう。手数料が高めとはいえ、プロが運用してくれてしかも市場平均より大きなリターンが期待できるんでしょ？

ところが、実際の運用成績を過去20年にわたって調べたところ、なんと**8割のファンドマネージャーが指標を超えるリターンを残せなかった**、という結果が出ているの（出典『敗者のゲーム』）。

え〜！　看板に偽りありでは？

私自身、アクティブファンドが好きでいろいろ保有してきましたが、長期で見るとインデックスに負けているものもある。「**勝ち続けるアクティブファンドはない**」というのが実感。手放す時機を見定めてウォッチする手間や売買する手数料を考えたらインデックスファンドを持ち続けるほうがずぼら派には向いています。最近は、これまで以上に仕事も忙しくなって自分の資産運用においては、さらにずぼら化が進んだ結果、アクティブファンドは徐々に減らしています。投資のプロとしては「紺屋《こうや》の白袴《しろばかま》」状態。

でも、シンプルでコスパのいいインデックスファンドをメインにした投資は、**仕事や家事育児に忙しい人でもできる再現性の高い方法**だと言えますね。

◆投資ビギナーにオススメなのは…？

① 当面の生活費、5年以内に使うお金は**預金でストック**

② **NISA や iDeCo 口座**を開設

③ **インデックスファンド**を**つみたて投資**　以上！

インデックスファンドは、つみたて投資の設定でいいんですよね？

はい。インデックスファンドは買い時や売り時は選ぶ必要なし。基本は、自動で積み立ててほったらかしで持ち続け、現金が必要になったときに必要な分だけ取り崩す方式でOK。アクティブファンドの不名誉な事実を世に知らしめた『敗者のゲーム』の著者で投資コンサルタントのチャールズ・エリス氏も、自身の資産はインデックスファンドで全世界に投資しているそうです。

八木センセイはじめお金のプロたちが実践している方法なら安心です！

Q 外国株と日本株のファンドの配分、どう決めてますか？

外国株と日本株のファンドは、どんな割合にしたらいいでしょうか。

お手本に挙げたＧＰＩＦ（45頁）では、日本と海外が半分ずつでしたね。

私の割合は、外国株と日本株がだいたい7対2、その他が1です。

理由は、**世界的な視野で見るなら日本が半分というのは多すぎる**かなと思ったから。

ちなみに、日本の株式市場が世界の株式市場に占める割合は、約6〜8％と言われています。

一方、日本で暮らしている私たちにとって日本株には次のようなメリットもあります。

- **円建てで運用されるため為替の影響を受けにくい**
- **企業情報や経済ニュースへのアクセスがしやすい**

これらを考えながら整理してきた結果、ひとまず今の割合にしています。

◆外国株ファンド・日本株ファンドの特徴って？

	メリット	デメリット
外国株ファンド	● グローバルな成長機会へのアクセス ● 地域分散によるリスク分散効果 ● 日本以外の高成長企業や産業への投資機会	● 為替変動リスクがある ● カントリーリスクがある（政治・経済情勢の影響） ● 情報収集が比較的難しい
日本株ファンド	● 為替変動リスクがない ● 情報収集が比較的容易 ● 日本経済への直接的な投資機会	● 投資機会が日本市場に限定される ● 日本経済の低成長や人口減少の影響を受けやすい ● グローバルな成長機会へのアクセスが限られる

為替変動のリスク？

円高か円安かで、日本円に換算したときの価格が変わってくるってことです。
為替変動リスクを気にしすぎず、長期投資という点でみて投資対象の国や企業、市場の成長性に注目することが大事ですよ！

八木's ポイント

「S&P500一択か、分散してオルカンか」への答え

外国株ファンド、日本株ファンド、全世界株式のファンドと種類が多くて何を買えばいいか……という悩みをよく聞きます。「S&P500一択でしょ！」とか「バランス重視ならオルカン！」って声もけっこうありますよね。

「S&P500」は、**アメリカの主要な株価指数の一つ**で、GAFAM（グーグル、アップル、FB改めメタ、アマゾン、マイクロソフト）など米国の大手上場企業500社の株式で構成され、米国株式市場の約80%の時価総額をカバーしています。S&P500指数に連動する商品は多数あり、それらを指してS&P500と言われることも一般的（60頁で紹介）。指数に連動して**商品の入れ替えや割合も自動で調整**されます。ちなみに、米国株式市場は世界の株式市場の約40～50%を占めています。

指数の名前だったのね。にしても、アメリカ市場は世界の約半分なの!? オルカンと並んで人気なのも頷《うなず》けるわ。

オルカンは、MSCIオール・カン

◆ところで、「S&P500」って何？

S&P500指数®とは、米国の代表的な株価指数の1つ。市場規模、流動性、業種等を勘案して選ばれた**ニューヨーク証券取引所等に上場および登録されている500銘柄を時価総額で加重平均**し指数化したもの

常に最適解となるように調整され、指数に連動させるだけでコストも抑えられるため手数料も最安です

◆ S&P500って、どの企業の株を買ってるの？

組入上位銘柄		業種	比率
1	MICROSOFT CORP	ソフトウェア・サービス	6.9%
2	APPLE INC	テクノロジー・ハードウェアおよび機器	5.8%
3	NVIDIA CORP	半導体・半導体製造装置	5.0%
4	AMAZON.COM INC	一般消費財・サービス流通・小売り	3.8%
5	ALPHABET INC-CL A	メディア・娯楽	2.2%
6	META PLATFORMS INC-CLASS A	メディア・娯楽	2.2%
7	ALPHABET INC-CL C	メディア・娯楽	1.9%
8	BERKSHIRE HATHAWAY INC-CL B	金融サービス	1.7%
9	BROADCOM INC	半導体·半導体製造装置	1.4%
10	ELI LILLY & CO	医薬品・バイオテクノロジー・ライフサイエンス	1.3%

eMAXIS Slim米国株式（S&P500）目論見書（2024.7.25）より

GAFAMはもちろん、投資の神様バフェットの会社や、半導体で熱いエヌヴィディアも、ベスト10にちゃんと入ってる！

トリー・ワールド・インデックス（ACWI）という**日本を含む先進国と新興国の株式市場全体をカバーする指数**に連動するファンドの略称ですね。アメリカはもちろん押さえたいけど、インドや中国などの新興国も見逃せない、というニーズに合ったもの。私自身、「世界中にいい企業があるんだから、米国だけに人生を託すのは少し不安」と思っている派。日本株も入っていてバランスのよいインデックスファンドなので、初めて投資をする人にもオススメできます。

オルカン一つで長期分散つみたてができちゃうのは楽チンですよね～。

とはいえ、オルカンの構成銘柄の6割は米国株。結局、投資をするなら世界経済を牽引している**アメリカ株は外せないし、外さないのが正解**。だから、「S&P500かオルカンか」への答えは、「どちらか買っておけば大きな失敗はない」って感じですね。

米国以外の外国株はどうですか？

米国株以外に大きく投資するのは初心者は避けたほうが無難かな。直近の利回りだけみて新興国ファンドに全ツッコミとかはNG。するなら、リスクを取れる範囲で、10％以内が基本です。

✦おいしいところ全部入り！「オルカン」の投資国内訳

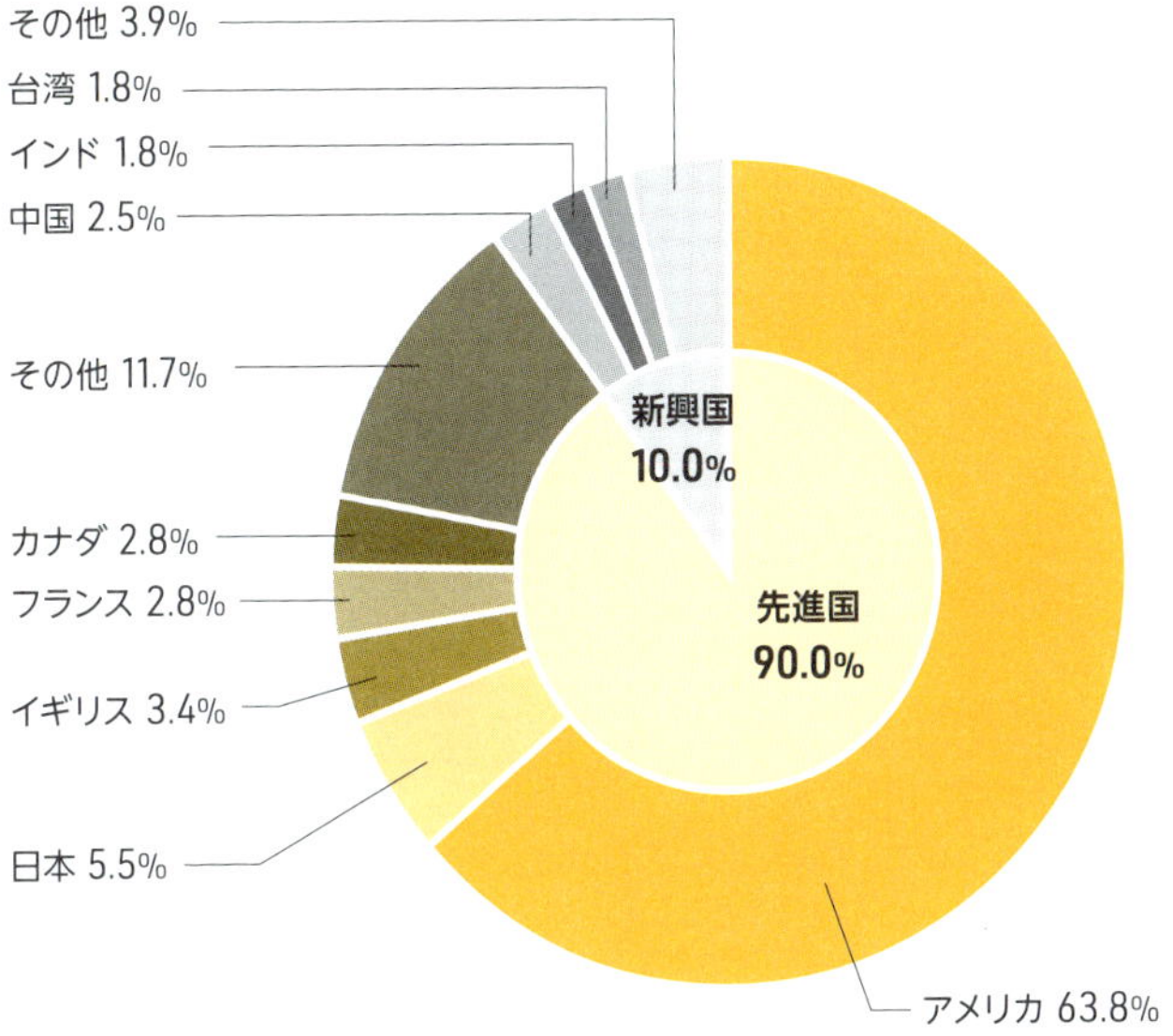
その他 3.9%
台湾 1.8%
インド 1.8%
中国 2.5%
その他 11.7%
新興国
10.0%
カナダ 2.8%
フランス 2.8%
先進国
90.0%
イギリス 3.4%
日本 5.5%
アメリカ 63.8%

eMAXIS Slim 全世界株式（オール・カントリー）の目論見書（2024.7.25）より

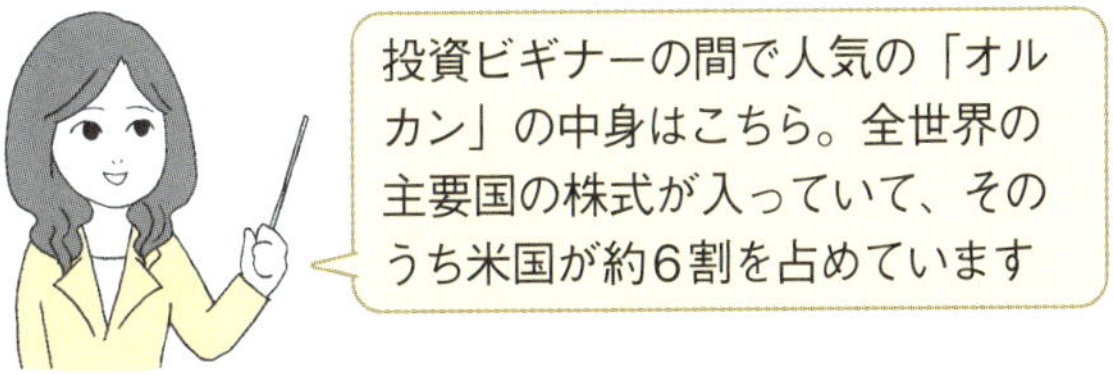
投資ビギナーの間で人気の「オルカン」の中身はこちら。全世界の主要国の株式が入っていて、そのうち米国が約6割を占めています

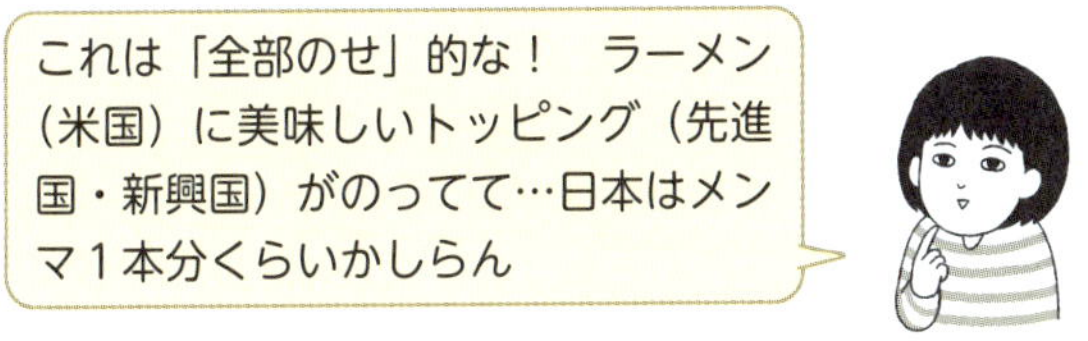
これは「全部のせ」的な！　ラーメン（米国）に美味しいトッピング（先進国・新興国）がのってて…日本はメンマ１本分くらいかしらん

Q S&P500、オルカンって、結局どれを買えばいいの？

こんな声もよく聞かれるので、次頁に主な商品名を挙げてみました。

「S&P500」は、S&Pダウ・ジョーンズ・インデックス社が公表する**米国の大手企業約500社の株価に連動する指数**ですが、そこに**連動するインデックス投信《ファンド》の総称**として使われることも一般的です。

「オルカン」はオールカントリーの略、**全世界の株式に投資するインデックス投信の総称**として使われることが多いです。連動する指数（インデックス）は基本的に次の2つ。

- **MSCIオール・カントリー・ワールド・インデックス（大・中型株が対象）**
- **FTSEグローバル・オールキャップ・インデックス（大・中・小型株が対象）**

手数料（信託報酬など）は、0・07〜0・18％前後と運用会社によって若干違います。多くは、NISAを利用でき、iDeCo、企業型DCで買えるものもあります。

※「オルカン」は三菱UFJアセットマネジメントの「eMAXIS Slim 全世界株式（オール・カントリー）」の略称として商標登録されています。ここでは全世界株型インデックス投資信託の総称として使用しています。

◆「S&P500」と「オルカン」の商品例（2024年12月現在）

S&P500の商品例

eMAXIS Slim 米国株式（S&P500）
運用会社：三菱UFJアセットマネジメント

SBI・V・S&P500インデックス・ファンド
運用会社：SBIアセットマネジメント

楽天・プラス・S&P500インデックス・ファンド
運用会社：楽天投信投資顧問

iFree S&P500インデックス
運用会社：大和アセットマネジメント

たわらノーロード S&P500
運用会社：アセットマネジメントOne

オルカンの商品例

eMAXIS Slim 全世界株式（オール・カントリー）
運用会社：三菱UFJアセットマネジメント

SBI・V・全世界株式インデックス・ファンド
運用会社：SBIアセットマネジメント

楽天・プラス・オールカントリー株式インデックス・ファンド
運用会社：楽天投信投資顧問

はじめてのNISA・全世界株式インデックス（オール・カントリー）
運用会社：野村アセットマネジメント

たわらノーロード 全世界株式
運用会社：アセットマネジメントOne

※金融機関によっては取扱いのない商品もあります

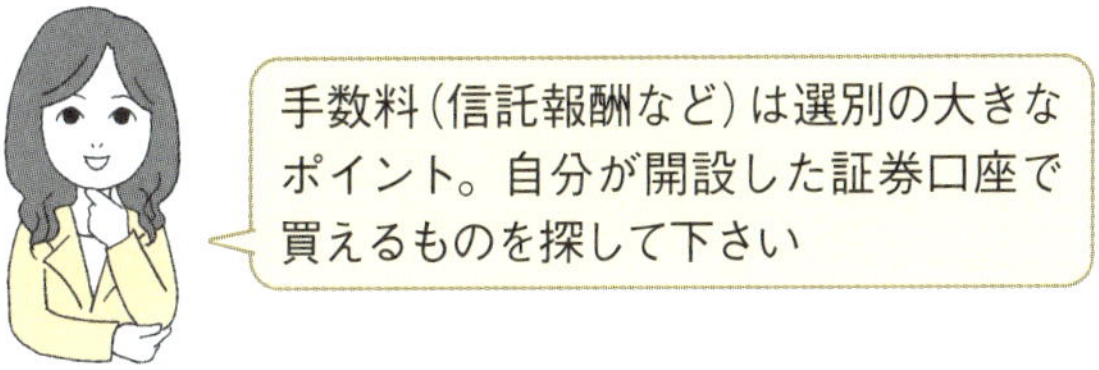
手数料（信託報酬など）は選別の大きなポイント。自分が開設した証券口座で買えるものを探して下さい

Q 債券ファンドって何？買わなきゃダメですか？

ＧＰＩＦのポートフォリオ（45頁参照）にも組み込まれている「債券」。国債、地方債、社債など、発行体によって種類はいろいろあり、一般的に株式よりもリスクが低いといわれています。市場の暴落時には、株式よりも下落が抑えられる傾向もあるので、オススメできる投資商品です。

個別の債券の投資に申し込む方法もありますが、**手軽に購入できるのは債券ファンド**。債券ファンドのメリットは、個別債券と比べて投資のタイミングの自由度が高く、少額から分散投資が可能なこと。私も１割ほどですが保有しています。

債券は、いってみれば暴落時のショックを和らげる守りの資産。最近では、株価と同じような動きをする傾向も見られます。運用資産が大きくないうちは無理に日本債券ファンドは買わず、**預貯金で対応してもいい**と思います。

◆投資商品のリスク（リターンの変動幅）って何？

リスクが大きい　＝　リターンの変動幅が大きい

リスクが小さい　＝　リターンの変動幅が小さい

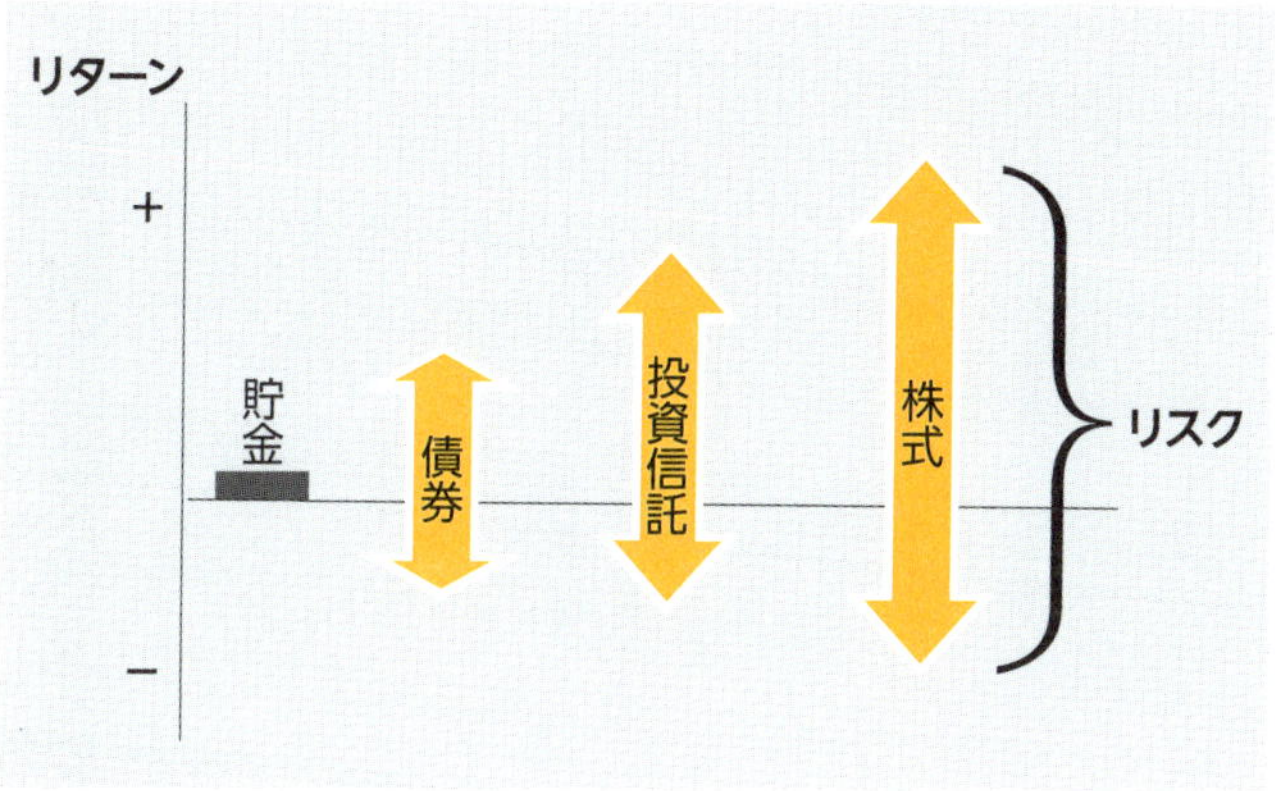

債券はローリスク・ローリターン、
守りの資産ってこういうことか～

債券ファンドは、
「先進国債券インデックス」
「国内債券インデックス」
「全世界債券インデックス」
などの名前で売られていますよ

八木'sポイント

債券は御守り。現金で備えるのもアリ

債券ってやっぱり持つべきですか？ リスク対策っていうけど……。

一般的にリスクが低いとされているのは日本国債や米国債などの信用力の高い国や発行元の場合。新興国債券などは為替リスクや政治リスクが加わり、先進国債券よりもリスクが高くなります。

ふむふむ、選ぶなら日米などの**先進国債券ファンド**と（メモメモ）。

リスクはまだありますよ。金利が上がると、理論上、債券の価格は下がりますし、インフレ率が債券の利回りを上回ったときは債券の価値は低くなります。外国債の場合は、為替変動リスクもあります。

な、なんかリスクまみれな気がしてきたぞ。その割には利回りとかも今ひとつワクワクしないというか……、債券を買う意味ってあるんですか？

まぁ、それらのリスクを踏まえても**株式よりは振れ幅が小さい**ってこと。実際、リーマンショック時は、債券市

場、特に国債などは、株式ほどの大幅な下落は見られませんでした。むしろ、**米国債なんかは価格が上昇した**くらい。金融危機時には、投資家はリスクの高い資産から安全な資産へ資金を移動させる傾向があるからです。米国債は世界で最も信用度の高い債券の一つですね。

分散の必要性がわかる事例です！

私の周囲でも、株式のみだった人はリーマンショック時のダメージは大きかった。半分くらいに減りましたから。でも、債券を組み入れていた人は減っても7～8割ですみました。債券は暴落時のショックを和らげる御守りみたいなものです。

急ブレーキ時のエアバッグ的な衝撃を少なくする装置なのね。

「債券はワクワクしない」っていう気持ちもわかります。私も山っ気が強いほうだから正直いうと債券は苦手なんですよ。でも、相談されたら「御守りみたいなもんだと思って私も持ってます」って伝えてます。債券を買うのが面倒なら、日本債券でリスクに備える分は**預貯金で備えてもOK**。外国債券のみ検討してください。暴落時にお金が必要になっても、投資に手をつけないですむだけの預金があれば安心ですね。

じゃ、ひとまず預金で備えまーす。

Q ずっと、ほったらかしでも大丈夫ですか？

インデックス投資は、別名ほったらかし投資とも言われるくらい、何もしなくていいのが最大のメリット。優良なファンドを積立で購入したら、投資しているのを忘れてしまうくらいで大丈夫。

ある資産運用会社によれば、運用成績がいいのは口座を持っていたのを忘れていた人たちだった、という話もあるくらい。

個人的には、**年に1度はリバランス**をするとよいと思います。

リバランスとは、はじめに設定した資産配分の比率に戻すために、保有資産の売買を行うことです。

簡単なのは、**少ない比率になっている資産を余剰資金で買い足して調整**すること。

余剰資金がなければ、今後の**積立比率を調整してもいい**でしょう。

人生設計や家計管理の見直しと併《あわ》せて、節目ごとにチェックするくらいでＯＫです。

オルカンなど全世界型の投資信託の積立だけしている人は、必要のない作業ですね！

◆リバランスって何？

日本債券
25
海外株式
25
海外債券
25
日本株式
25
1年後…
日本債券
15
海外株式
35
海外債券
20
日本株式
30
定期的にチェックして、元のバランスに戻す＝リバランスしましょう

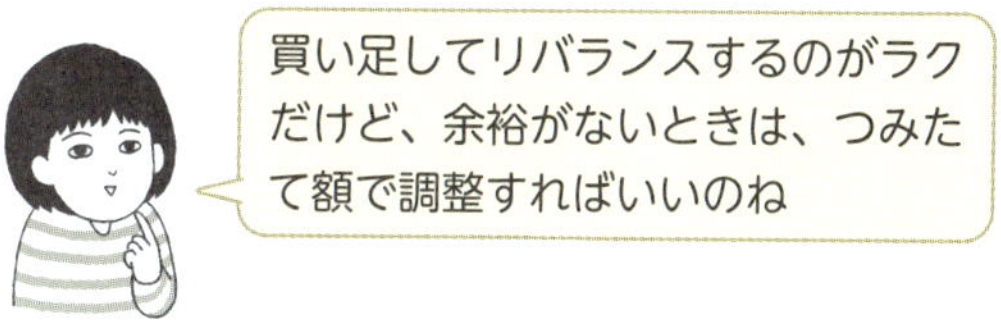
買い足してリバランスするのがラクだけど、余裕がないときは、つみたて額で調整すればいいのね

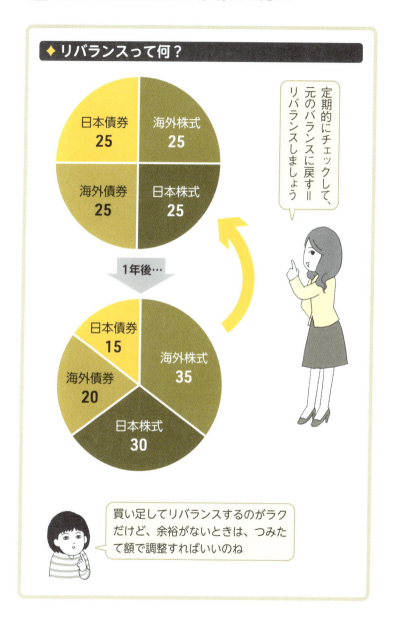

Q アクティブ投信も買ったほうがいいですか？

私の投資の内訳には、アクティブ投信《ファンド》が4割ほど入っています。

でも、選ぶのが面倒で管理できないなら「**アクティブ投信は買わなくてもいい**」というのが答え。

数年前までの私は、インデックス投信はおまけで、アクティブ投信がメイン、というスタンス。クライアントにはインデックス投信の堅実さを説きつつも、自分の投資は「せっかく投資してるのに、市場並みでいいの？　私は上を目指すわ〜！」とリスクをとってアクティブ投信に前のめり気味でした。

そのスタンスを変えた理由は、長期で見ると「勝ち続けるアクティブ投信はない」と気づいたから。その後はアクティブ投信を整理してインデックス投信を増やしています。

職業的な興味もあって、今でも4割ほど保有していますが、これから投資をはじめる人や手間ひまかけたくない人は、**インデックス投信のつみたて投資がオススメ**です。

*アクティブ投信に興味のある人は、132頁〜で紹介しています。

Q 株価が暴落！ 急いで売るべきですか？

株式市場に暴落はつきもの。暴落とは、金融市場において短期間で急激かつ大幅な下落が起こることです。通常、10％以上の急激な下落を指すことが多く、主な原因として、経済危機や金融危機、政治的な不安定さ、自然災害や戦争などの予期せぬ出来事、投資家の心理的要因（パニック売り）などが挙げられます。

歴史的な暴落には、１９２９年の世界恐慌、１９８７年のブラックマンデー、２００８年のリーマンショック、２０２０年のコロナショックなどがあります。

暴落時、インデックス投資家がすべきことは何もありません。

パニックに陥らず、感情的な判断を避けることが何より大切です。暴落時にパニックになってしまう場合は、**リスクを取りすぎている**のかも。現金とリスク資産との配分を見直しましょう。私が経験したのは、リーマンショックとコロナショック。資産の大半は長期投資のつもりで保有していたので静観していました。リーマンショックのときは、むしろ買い足していました。現在、それらが大きく育っています。

八木's ポイント

インデックス投信は「どんなときも淡々と積立」が基本

暴落と言えば、コロナのとき、旧NISA枠の投資信託の評価額がエライ減っちゃって、こんなに下がるのかーと、びっくりしましたよ。あれが暴落か。

最近だと、2024年7月末の植田日銀総裁の利上げ発言でも大幅な下落がありました。「植田ショック」なんて言われていますね。

我が家では、子どもも投資に参加していて、長男は10歳のときから**お年玉を毎月3000円ずつ投資**していました。時期的にはちょうどリーマンショック&その後の不景気の頃。大事なお年玉がどんどん減っちゃって。

なんと、**10歳にして暴落を経験**とは！　だだだ大丈夫でした？

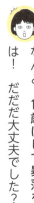

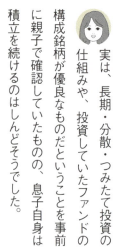

実は、長期・分散・つみたて投資の仕組みや、投資していたファンドの構成銘柄が優良なものだということを事前に親子で確認していたものの、息子自身は積立を続けるのはしんどそうでした。

それから5年ほど経ったとき、15歳の彼が、「長期・分散・つみたてのメリットってこういうことかぁ」としみじみ言っていたのが印象的です。経験からの学びって強い。何物にも代え難いです。

値段の安いときに淡々と積み立てていたものが、その後の景気回復とともに大きく育ったわけですね！

暴落までいかない、ちょっとした下落もあります。市場価格が一本調子で上がり続けることってあんまりない。というのも、ある程度上昇期間が続くと、利益を確定しようとして売る人が増えて価格が落ちるから。「調整下落」などと言われます。そうした小さな下落でも投資をはじめたばかりの人にはショックなもの。私のクライアントさんにも、ちょっと下がっただけでも心配して連絡してくる人はいました。

「長期保有だから気にしなくて大丈夫」と言っても、「でも、新興株も入ってるんですよね、このインデックス!?」と心配するので、その商品のリスクとリターンについてそのつど再確認。そうするうちに、だんだん「**信頼できる商品は下がっても上がってくる**」とわかり、みなさんたくましくなります。

経験からの腹落ちが一番効くってことかぁ。投資は興味はあるけれど踏み出せないという人も、**勉強代と割り切れる少額から始めてみる**のが近道ですね。

Q 投資のお金は、どうやって使うのがお得ですか？

賢い投資には、ゴール（目的）が必須！

使うタイミングは、**ゴールのタイミング**、または**必要になったとき**です。

大事なのは、長期で運用すること。

子どもの学費や自分の老後資金などは、長期投資向きですね。子どもが生まれたときから準備すれば、高校や大学入学までに15年以上。老後のお金なら働きはじめてから40年ほどの運用期間があります。これだけ運用期間があると、年利3〜5％のインデックス投信《ファンド》の標準的な利回りで、預金より上手に資金を準備できます。

我が家でも、下の子の**学費はすべて投資信託で準備**しました。

投資の場合、価格は変動するので、必要額に達したところで現金にしておくのも安全策の一つ。

老後資金は一度に現金化せず、**運用しながら定率で取り崩していく**のが基本的な戦略です。これにより資産寿命を延ばし、市場の変動リスクも分散できます。

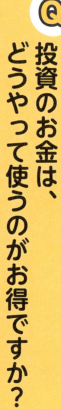

◆投資の「ゴール」をシミュレーションしてみよう！

老後資金として、入社時に投資スタート！

毎月2万円×40年4％で運用すると（元本960万円）…

約2322万円

老後2000万円問題をクリア！

新入社員時代から毎月2万円ずつ積立するだけで!?

教育資金として、子どもが生まれたときに投資スタート！

毎月2万円×18年4％で運用すると（元本432万円）…

約627万円

私立大学学費470万円（平均）をカバー！

利回り4％（年利）は、投資信託で長期・分散・つみたてをしたなら実現可能な利率。15年以上の長期投資ならリスクは軽減されやすいですよ！

※金融電卓（ウェルスアドバイザー）で試算

八木'sポイント

3大資金の上手な増やし方&使い方

お金は増やすのも大事だけれど、使ってなんぼ。投資したお金を使うとき、現金にするタイミングや取り崩し方に正解ってあるんですか？

現金化するタイミングの1つは、**目標額になったとき**。たとえば、学費のために運用していて目標額に達したときや、目標額に満たなくても「このくらい増えていればいいかな」と思ったなら、利用時期は半年先だとしても確定しちゃうのがオススメです。株価は変動するので、上がればラッキーですが、大幅に下がって足りなくなっても困りますから。「**もうちょっと前に現金化しておけばよかった……**」なんて嘆きは、投資あるあるです。

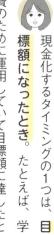

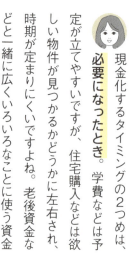

確かに未来は読めないもんなぁ。欲はかかず、そこそこで、と。

現金化するタイミングの2つめは、**必要になったとき**。学費などは予定が立てやすいですが、住宅購入などは欲しい物件が見つかるかどうかに左右され、時期が定まりにくいですよね。老後資金などと一緒に広くいろいろなことに使う資金

✦「教育・住宅・老後」の3大資金の使い方

☑ **目標額**に達したら現金化する
……学費など**教育資金**

☑ **必要**になったら使う
……ローンの頭金など**住宅資金**

☑ **運用しながら**取り崩す
……**老後資金**

を運用することになると思います。
我が家では、住宅資金も投資で増やしたお金を使いました。思ったよりも購入資金がかさんだため、長期保有するつもりのものも含めて金融商品の8割を売却したのですが、なんと、その直後にリーマンショックで株価が暴落。その後、長らく株式市場が低迷。まるで暴落を読んだかのようなタイミングで高値で売って住宅資金に充てられて……、ラッキーでした。

超ラッキーじゃないですか！　暴落後じゃなくてよかったですねぇ。

偶然の結果ですが、必要なときは迷わず使うのも大事だなって改め

て痛感しました。人によっては、お金を増やすことに意識が移ってなかなか取り崩せなくなることもあります。無駄遣いや身の丈に合わない贅沢はNGですが、「投資の目的は人生を快適にするため」ということを忘れずにいたいですね。

うんうん。家族と一緒に過ごせるうち、体が動くうちに、上手に使いたいです！

老後資金の取り崩し方も大事です。基本は、収入があるうちはできるだけ運用を続けること。**長く運用するほど複利の効果が期待できる**からです（44頁）。同じ理由で、現金化するときは一度に全部売るようなことはせず、**運用しながら少しずつ取り崩していく**こと。こうすることで市場の変動リスクも分散できます。

売るときも分散が大事、と。

退職後に資産を効率的に取り崩すための戦略としては米国の「トリニティ・スタディ」が有名。この研究によると、資産の50％をS&P500に連動した株式、残りの50％を米国債券に投資して**資産残高の4％を毎年取り崩していくことで、30年間資産がもつ**と計算されています。

具体的な戦略の目安があるのは心強い！　参考にします！

◆老後資金の取り崩しは「定率」で

定率取り崩しのメリット

資産寿命の延長

資産の時価変動に応じて取り崩し額が変動するため、**市場下落時には少なく、上昇時には多く**取り崩す。それにより資産の減少を抑え寿命を延ばす効果がある

長期的な安定性

定率取り崩しのほうが**定額取り崩しよりも長期的に資産を維持できる**可能性が高いとされるシミュレーションあり

インフレへの対応

資産が成長すれば**取り崩し額も増加**するため、ある程度インフレに対応できる可能性がある

＊定率取り崩しのデメリットは…

取り崩し額が変動するため生活設計が難しくなること

積み立てるときは定額（ドル・コスト平均法）がお得なのに、取り崩すときは定率がお得なのね～

市況がよくないときは貯蓄でまかなうことができればベストですね。そのほか、「ちょっとした労働で収入を得る」なども資産の寿命を延ばすコツですよ！

Q ビギナー&忙しい人向きの投資法、結局どうしたらいい？

ここまでの話をふまえて、広くオススメできる投資のコツは次の5つです。

1　投資のゴールを設定する
2　「インデックス投信《ファンド》&毎月積立」がメイン
3　長期投資が基本（FX・信用取引などの短期トレードはしない）
4　暴落時は、売らずに淡々と積立
5　積立は定額、取り崩しは定率で

一般の人が限られた時間で資産形成をするために大事なのは、**コスパのよいシンプルな運用**で複利の効果を享受しながら、**リスクをできるだけ回避**して資産を守ること。

具体的には、「オルカンやS&P500などのインデックス投信でつみたて投資」することこと。手間をかけず大きな損失を避けて資産形成できると言えます。

✦「手間なし＆負けない投資」5ポイント

1．投資のゴールを決める

2．「インデックス投信＆毎月積立」がメイン

3．長期投資が基本（FX・信用取引などはスルー）

4．暴落時は、売らずに淡々と積立

5．積立は「定額」、取り崩しは「定率」で

投資ビギナーさんでも
この5つを守れば、
大きく資産を減らす可能性は
激減するはずです
超シンプルで
助かります～
ポテチ

八木'sポイント

駆け出しFP時代からの投資歴、ぶっちゃけます！

現在は、自身の投資もインデックス投信《ファンド》がメインという八木センセイも、かつてはいろんな商品を買ってたんですよね？　現在のポートフォリオをぶっちゃけたついでに、過去の投資遍歴も見せてください！

いいですよ。実際にやってみないと実感を持って教えられないので一通り試しました。もともと山っ気が強いほうなのでゲーム感覚で楽しんでいた時期も。ざっくりした経過はこんな感じです。

2001年～　駆け出しFP時代

ＦＰ資格取得。資産運用開始。初めの数年間は、ＴＯＰＩＸ連動型などの日本株インデックス投信が中心。次に決算書などを見ながら個別の株式投資も。また、金積立、Ｊ-ＲＥＩＴ、ＥＴＦ、外国債券、個人向け国債など、様々な商品に幅広く投資。日本初の独立系投資信託も購入。デイトレも少々。広く浅く勉強もかねてトライしていました。２００１年に長男を出産。このときは、お祝い金を教育資金として全額リスク商品に投資することにためらいを覚え、国債とネット定期と投信に分散しました。

✦振り返り解説! 八木センセイの投資遍歴 ①

手広くトライしたFP初期時代(2001年~2007年)

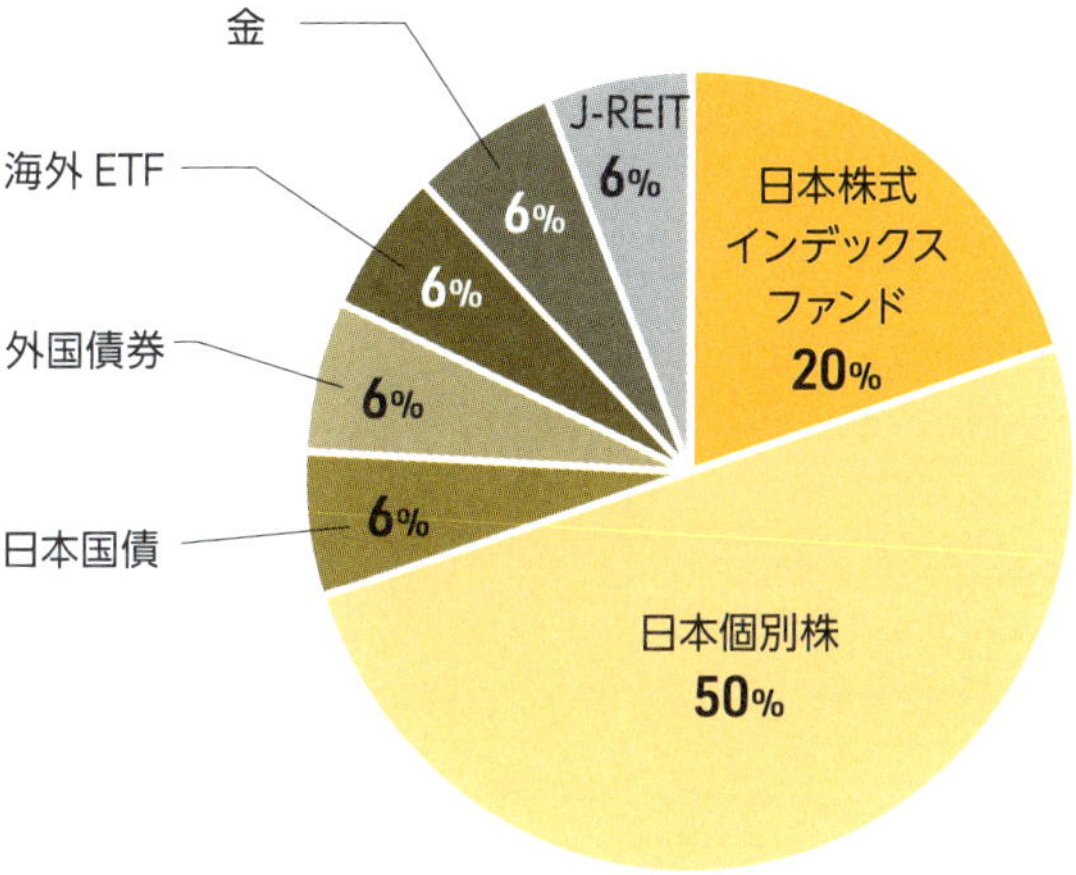
金
J-REIT
6%
海外ETF
6%
6%
日本株式
インデックス
ファンド
20%
外国債券
6%
日本国債
6%
日本個別株
50%

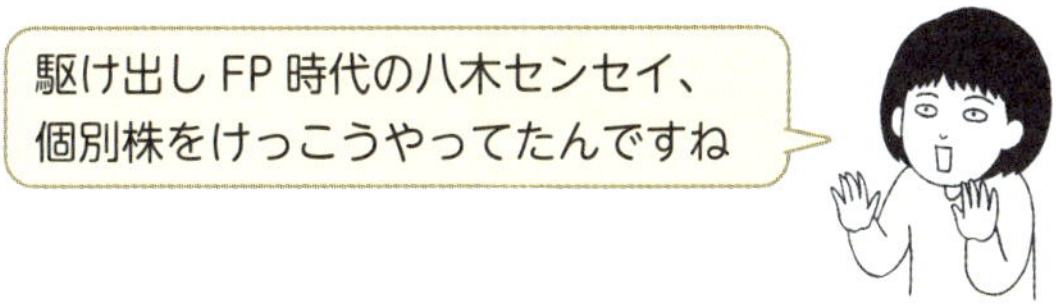
駆け出しFP時代の八木センセイ、
個別株をけっこうやってたんですね

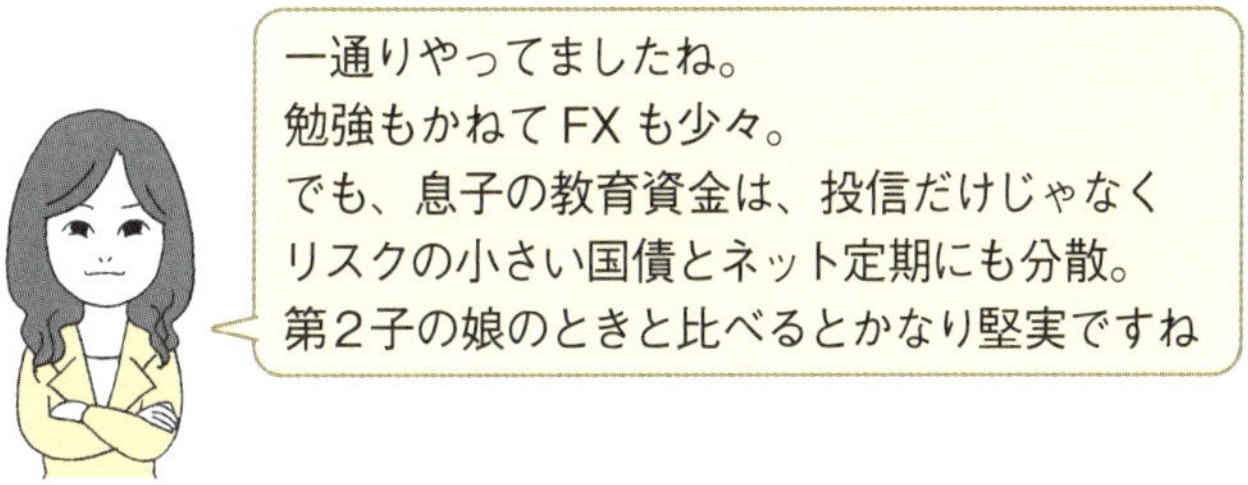
一通りやってましたね。
勉強もかねてFXも少々。
でも、息子の教育資金は、投信だけじゃなく
リスクの小さい国債とネット定期にも分散。
第2子の娘のときと比べるとかなり堅実ですね

2007年　住宅購入で資産売却

住宅購入のため、8割ほどの金融商品を売却。上昇景気で高値に育っていたので長期保有の予定だった資産の大半も住宅資金へ。夫婦共働きだし、また貯めれば大丈夫、という目算からです。

売却直後にリーマンショックで株価が暴落。以後、長らく市場が低迷することに。あと1年売却が遅かったら、今の家は建っていなかったかもしれません。

リーマンショック後の残りの資産のへこみ具合を見て、暴落時のリスク資産の厳しさを痛感。たまたま暴落前に売り抜けた幸運をかみしめ、「**お金は使うことも大事**」と改めて実感しました。

2008年～　アクティブ時代

多忙で個別株を吟味する時間はなく、投資信託メインのスタイルに移行。ネット上の投資信託評価会社のサイトなどを利用し、アクティブ投信《ファンド》をメインに運用しました。

「インデックスは悪くないけれど、市場平均並みじゃつまらない。平均より上を目指すならアクティブでしょ！」と、常に20～30本ぐらいのアクティブ投信を保有していました。

リーマンショック後に積立を開始した投資信託は、長らく低迷。とはいえ、振り返れば**何を買っても底値で買えていた時期**。その後の市況回復後の運用成績は目を見張るものに育ちました。

◆振り返り解説！　八木センセイの投資遍歴 ②

夢をアクティブファンドに託す時代(2008～2018年)

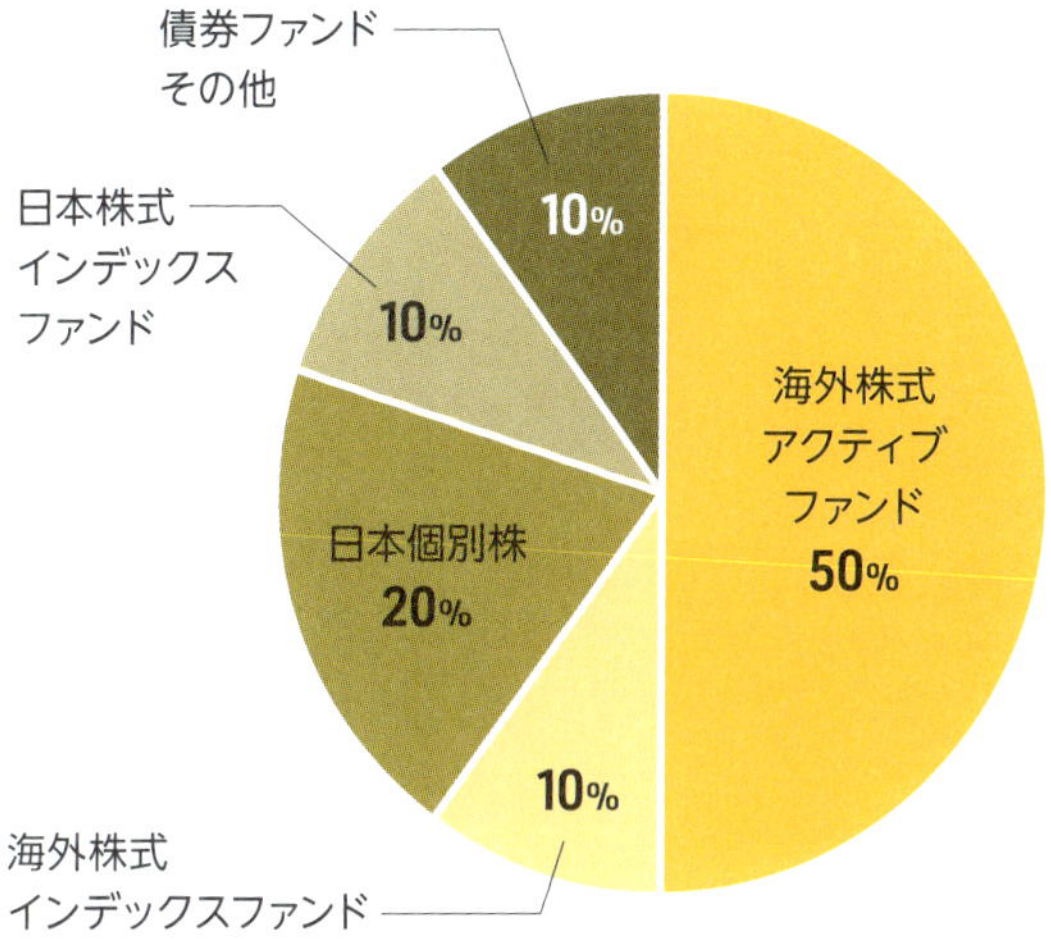
債券ファンド
その他
10%
日本株式
インデックス
ファンド
10%
日本個別株
20%
海外株式
アクティブ
ファンド
50%
10%
海外株式
インデックスファンド

この頃は、インデックスファンドは２割。アクティブファンドや個別株メインだったんですねぇ

クライアントには「インデックスファンドでメインの資産づくり、アクティブファンドはサブ的に」ってアドバイスしてましたが、自分はアクティブファンドに前のめりでしたね。リーマンショック後に買った商品のその後の上昇を経験、「株価低迷時にひるまず積極的に買う」というスタンスも確立した時代です

2009年に長女を出産。お祝い金は**教育資金として100%投資信託へ**。現在、学費として大きく育っています。

老後資金やその他の余剰金は、初めは課税口座で、2014年以降は旧一般NISAで毎月積立。アクティブ投信《ファンド》のなかでも売り買いせずに一貫して積立を続けていたのは、独立系投資信託会社（136頁～）のもの。顔が見える投信、応援できる投信会社は、常に積立を続けていました。

一方で、このころは日本の未来に希望が持てず、海外株の比率を増やしました。

iDeCoは2017年から始めて、100%海外株式投信で運用しています。

2019年～現在　インデックス投信メインに！

資産運用において、さらにずぼら化が進んだ結果、インデックス投信メインのスタイルが確立。

アクティブは長期で見るとインデックスに負けているものがあることを実感。そのため割合を徐々に減少させています。

新NISAではつみたて投資枠では無難な海外株式インデックス投信、成長投資枠では、アクティブ投信中心に設定。

現在、個別銘柄は投資していません。ただし、配偶者が個別株派なため、家庭内ポートフォリオでいうと、個別株の割合も大きいのが実情です。

振り返り解説、参考にします！

✦八木センセイの現在のポートフォリオ

インデックスファンドメインのスタイル確立（2019年〜現在）

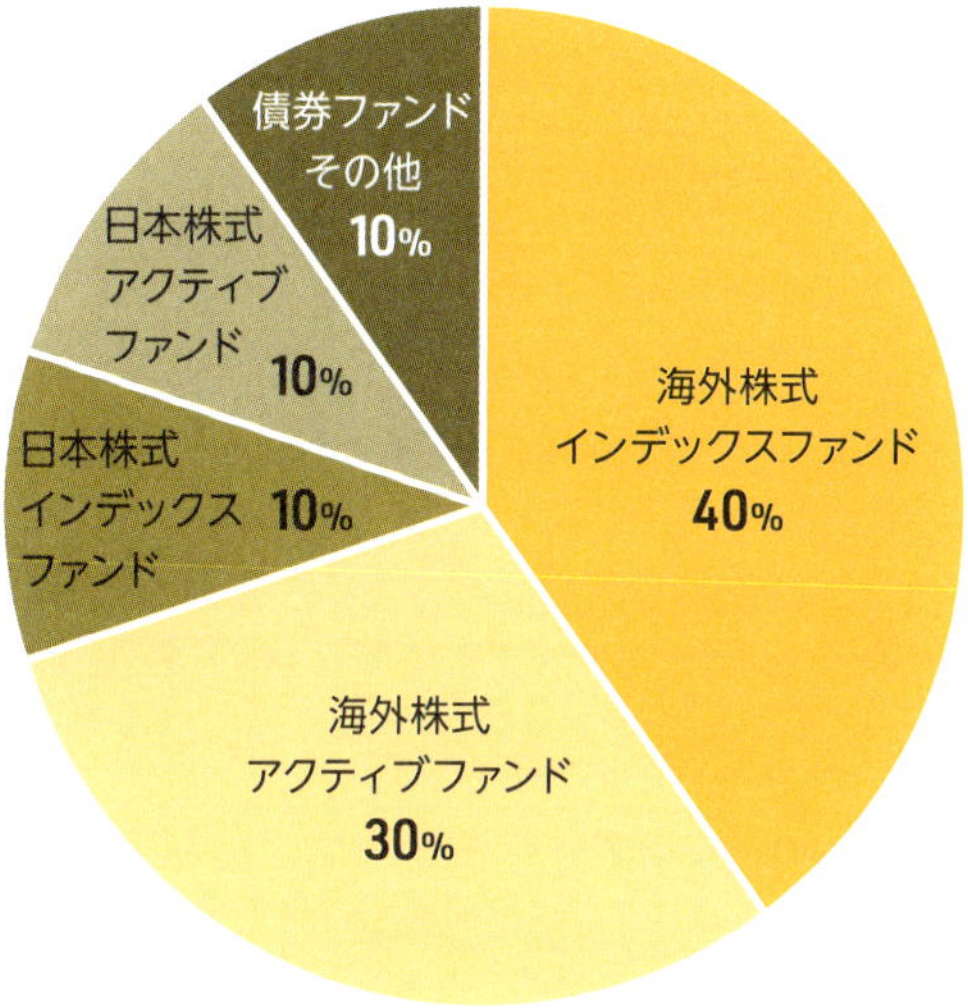

債券ファンド その他 10%
日本株式 アクティブ ファンド 10%
日本株式 インデックス ファンド 10%
海外株式 インデックスファンド 40%
海外株式 アクティブファンド 30%

一気にインデックスファンドが50%に！
切り替えましたねぇ

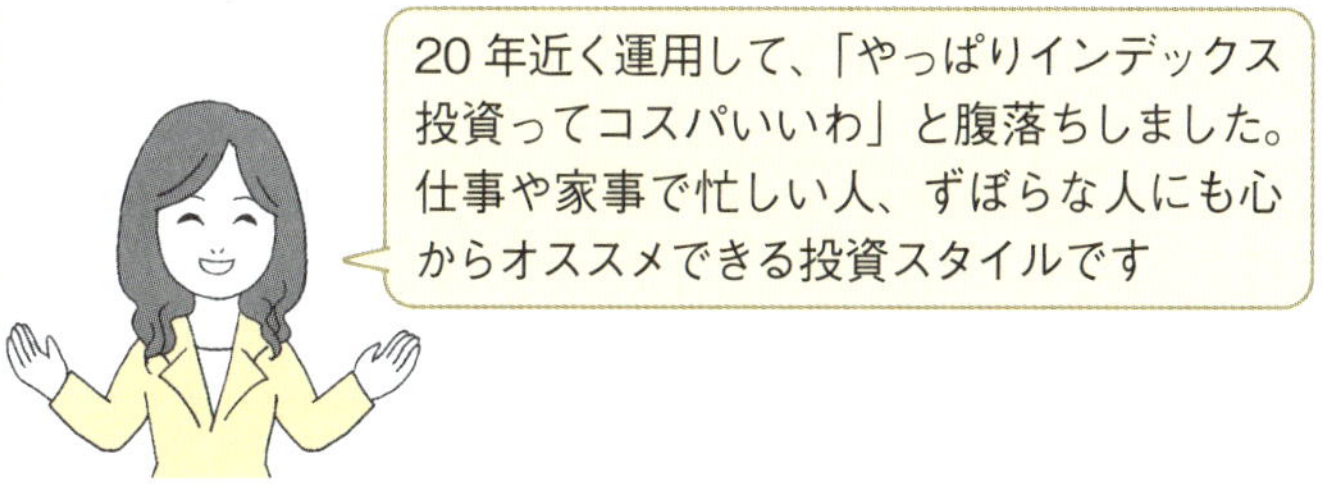

20年近く運用して、「やっぱりインデックス投資ってコスパいいわ」と腹落ちしました。仕事や家事で忙しい人、ずぼらな人にも心からオススメできる投資スタイルです

プロの本音トーク

「投資」と「投機」を区別しよう

「投資はコワイもの」と言う人のなかには、投資を勝つか負けるかのギャンブルと思い違いをしている人もいるようです。確かに、FX やデイトレードなど、値動きを見ながら短期で売買を繰り返して利《り》鞘《ざや》を稼ぐものもありますが、一般にそれらは「投機」と呼ばれるもの。老後資金や教育資金の資産形成で私がオススメしているのは、信頼できる企業に長期で資金を託す「投資」です。

有名な投資家であるウォーレン・バフェットも、「株式投資の極意は、良い銘柄を見つけて、**良いタイミングで買い、良い銘柄である限り、それを持ち続ける**こと」と投資の本質を語っています。

私は子どもに投資を説明するとき、次のように話します。

「投資は、自分が応援したい会社にお金を出して、その会社の成功に力を貸すこと。会社がその資金でよりよい商品やサービスを生み出すとお客さんが買うから儲かるね。誰かのためになると社会全体もよくなり、事業が伸びると、会社はお金を出した人たちに利益を分配してくれるんだ。 自分のお金も増えて社会貢献もできる。世界経済を成長させる立派なシステムの一つが投資なんだね」

誰かが勝つと誰かが負けるゼロサムゲームではなく、**社会と一緒に豊かになっていく**、そんな仕組みの一つとして投資と向き合えると良いと思います。

2章

NISA・iDeCo・企業型DC …どう使うのが正解ですか？

サクッと理解したい、
NISA や iDeCo の
使い方のコツ…
ぶっちゃけます！

プロももちろん使ってます！

お得な制度は、自分に合わせてコスパよく！

お金を上手に貯めるために大切なことは、余計なコストをカットすること。

これは投資においても同じです。

具体的にいうと、**税金や手数料などのコストを最小にする**ことが、長く投資をするうちに確実に効いてきます。

そのためには、国が後押ししてくれる公的な制度を使うことがポイント。

NISA、iDeCoなどの制度を上手に活用しましょう。

国が個人の資産運用を勧める流れは、今後も変わらず、むしろ進んでいくでしょう。

少子高齢化が進む日本では、公的年金制度だけでは老後の生活を支えるのが難しいからです。

そのため、政府は個人の資産形成をバックアップしてきました。

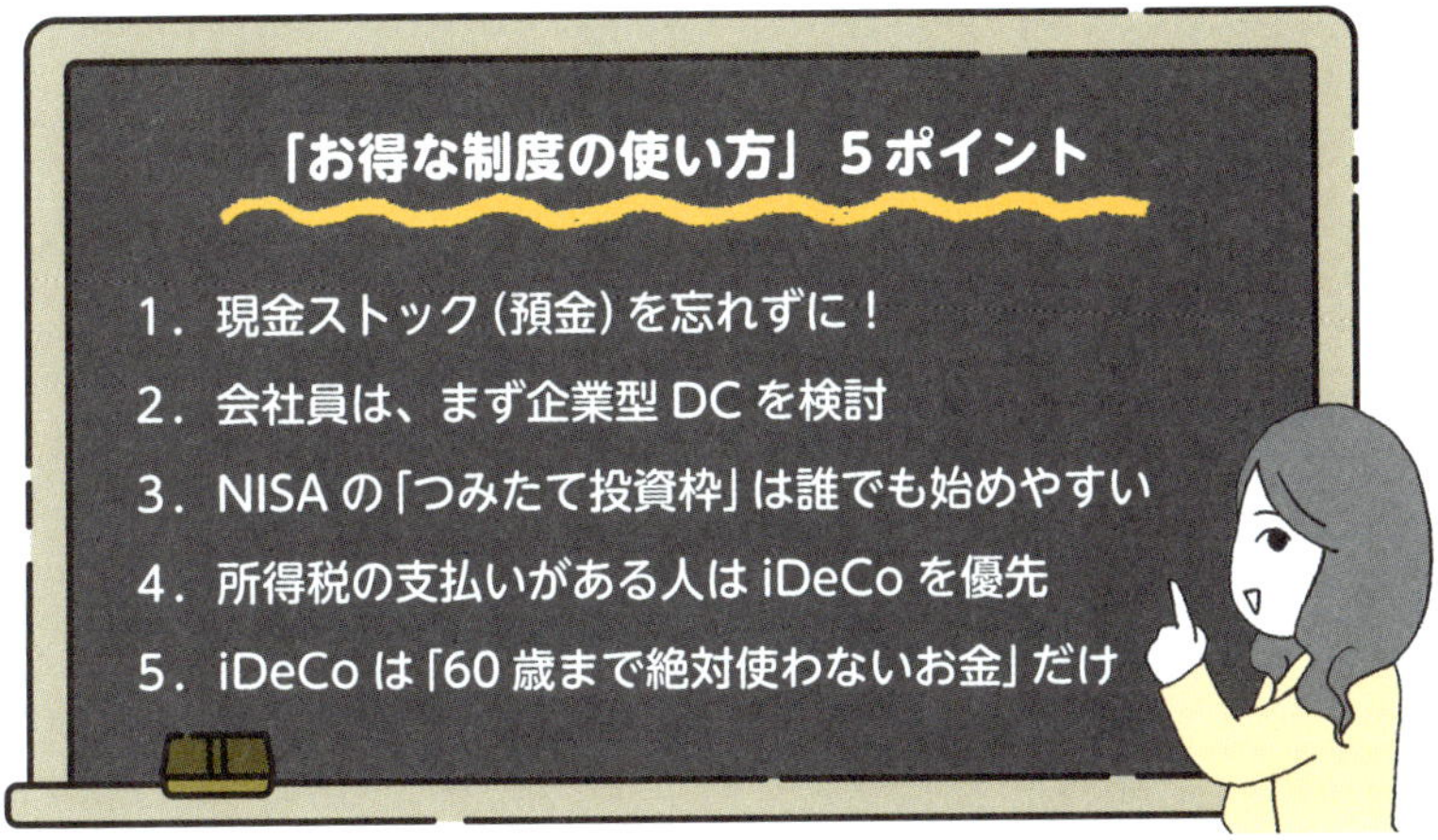
「お得な制度の使い方」 5ポイント
1. 現金ストック（預金）を忘れずに！
2. 会社員は、まず企業型 DC を検討
3. NISA の「つみたて投資枠」は誰でも始めやすい
4. 所得税の支払いがある人は iDeCo を優先
5. iDeCo は「60 歳まで絶対使わないお金」だけ

個人投資家にとってお得な制度がたくさんでき、年々改正もされています。

２０２４年からはじまった新ＮＩＳＡ制度は、その代表的なものです。

ｉＤｅＣｏなどの個人年金制度も節税効果が高いです。

ただ国の制度は、わかりにくかったり手続きが面倒だったり……。

この章では、その辺をサクッと理解して、投資への一歩を踏み出すためのお手伝いができればと思います。

Q ところで、いくら投資しちゃっていいですか？

投資は、生活費など必要な現金をストックしたあとの余剰金でするのが原則。

ストック金額の目安としては、**会社勤めなら生活費半年分、フリーランスなら生活費1年分**、というのが教科書的な回答です。

また、**5年以内に使う予定のあるお金も預金**でストック、投資に回すのはＮＧです。

株式市場では価格が日々変動します。株価や投資信託の価格が上昇したときに現金にできれば利益が出ますが、下落したタイミングでお金が必要になったら損をしてしまいます。

ですから、近いうちに使うお金は預貯金で準備しておきましょう。

キャッシュ（現金）に余裕があると投資は上手く行きます。

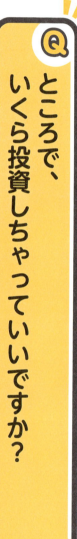

✦ 投資の前に、まず家計管理！

家計の見直しシート

黄色 の欄に、毎月の収入・貯蓄・保険・支出の金額を入れましょう

手取収入（会社員の場合）：税金と社会保険料（厚生年金）が引かれた後の金額
※ただし、財形貯蓄・確定拠出年金・持株などの貯蓄系が天引きされている場合は手取り収入に足して入力
手取収入（自営業の場合）：事業にかかった経費を除いた金額（平均の月額所得）

収入	金額	備考
手取収入／月（夫分）		
手取収入／月（妻分）		
その他（児童手当など）		
合　計	¥0	

貯蓄・保険	金額	備考
毎月定期的に天引きされるもの（財形貯蓄・確定拠出年金・持株など）		
毎月定期的に貯蓄しているもの		
毎月定期的に支払っている保険料（生命保険など、月払いの方）		
合　計	¥0	

（自営業の方）	金額	
税金・社会保険料（月額）		

支出		金額	備考
住まいのお金（家賃・住宅ローン・管理費・駐車場）			
食事のお金（外食費含む）・日用品費			
通信・光熱費	電話料金		
	携帯電話料		
	インターネット使用料		
	新聞代		
	NHK代		
	電気代		
	ガス代		
	水道代		
交通費	駐車場代（外出時）		
	ガソリン代		
	電車・バス代		
夫のお金（お小遣い）			
妻のお金（お小遣い）			
子どものお金（教育費・洋服代など）			
レジャー・交際費			
その他			
特別支出費(月間)			
合　計		¥0	
収支		¥0	

※以下は、年間の金額を入力しましょう。

年間特別支出費		年間の金額	備考
年間特別支出費	家具、家電費		
	年払いの保険や税金など（自動車関連）		
	旅行、帰省費		
	医療費（歯の矯正など高額な医療費）		
	その他（　　　　）		
年間特別支出費の合計		¥0	

株式会社イー・カンパニー提供

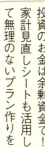

投資のお金は余剰資金で！
家計見直しシートも活用して無理のないプラン作りを

青春出版社 HP からダウンロードできます
https://www.seishun.co.jp/okanenopro

私は家計簿アプリや無料のライフプラン作成シートもネットで探して使ってます！

八木'sポイント

預貯金が十分でないうちは、少額の積立から

何かあったときのお金「生活防衛費」のストックは大事ですよね。とはいえ、目安とされてるのって、けっこうな額。人によっては貯めるまでに時間がかかりそう。それまで投資しちゃダメですか？

教科書的には、「会社員なら生活費の半年分、自営業なら1年分」ですが、その半分「**会社員なら3ヶ月分、自営業なら半年分**」でもいいかな。根拠は、転職などによる平均的な無職の期間は長くて3ヶ月と言われているから。

それに貯まるまで待っていると一人暮らしの新入社員などは、それだけで何年もかかるかもしれません。投資は時間が味方になってくれるので、その間が機会損失となるのはもったいない。

私のオススメは、現金が十分に貯まっていないうちは少額の積立にすること。今は、**投資信託は100円から積立投資できます**。数百円でも実際に自分のお金を使って投資してみると経験になります。

えっ、100円から!? 試しにオルカンで（ポチポチポチ……）ホントだ！ 設定できました、センセイ！

行動早いな。ホントに100円で積立設定したのね。

100円でも1000円でも生活の負担にならない「少額から」ってところがポイント。焦って無理をする必要はないですが、お金はあれば使っちゃうってこともありがちですし、石橋を叩きすぎて渡れないって人もよくいます。「習うより慣れよ」は投資でも有効です。

飛び込むのは得意です！　飛び込んだ先で溺れそうによくなるけど（テヘペロ）。心配なのは現金ストック。1年分、あったかなぁ（ドキドキ……）。

ストックする生活費は最低限の費用を想定しておけばOKですよ。もしもの時の費用ですから、娯楽費や交際費などは計上しない額で大丈夫です。

まぁ、収入が途絶えるような緊急時、そうそう遊んでられませんよね。

いずれにせよ、**自分の収入と支出は把握しておく**こと。投資を始める前提として、ライフプランの土台となる家計管理は必須です。ざっくり家計派の私ですが、「節目節目の収支のチェックは必須」ということはお伝えしておきます！

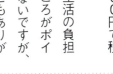

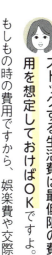

Q NISAについて、サクッと教えてください！

NISA（少額投資非課税制度）とは、個人投資家向けの税制優遇制度です。

本来、投資で出た利益には税金（20・315％）がかかります。

一方、NISA制度を利用すると**非課税**に。とてもお得な制度です。

NISA制度を利用するには、証券会社など金融機関でNISA口座を開設する必要があります。

投資金額の上限は、**年間360万円**（つみたて投資枠120万円・成長投資枠240万円）、**生涯で1800万円**まで利用できます。

また、運用している資産を売却した場合は、翌年、**売却した資産の購入金額分が非課税枠として復活**します。

＊口座の開設については、116頁〜で説明しています。

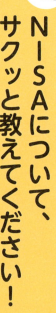

◆ NISAとは？

普通に投資をすると税金がかかるけれど…

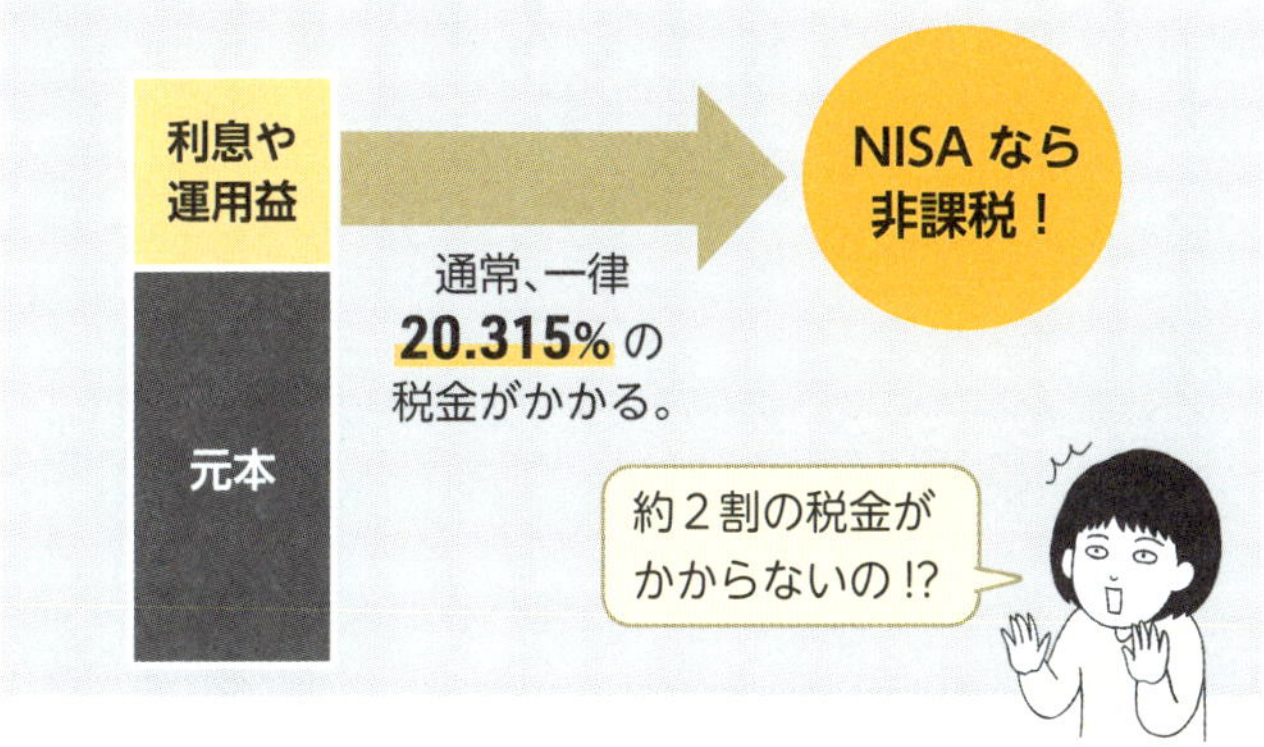
利息や
運用益
元本
通常、一律
20.315%の
税金がかかる。
NISAなら
非課税！
約２割の税金が
かからないの!?

◆ 長期で投資したら、どのくらいお得？

運用利回り	運用後総額	運用益（課税前）	運用益（課税後）
1%	2,652,100	252,100	200,886
5%	4,035,234	1,635,234	1,303,036

毎月１万円を 20 年間、積立をして元本 240 万円の場合
（1 年複利）にて試算

51,214円分お得！

332,198円分お得！

長く投資するほど複利の効果で、
非課税の金額も大きくなりますよ！

八木's
ポイント

つみたて投資枠・成長投資枠のオススメ活用法

税金がタダ！のNISA制度。使わない手はないけど、「つみたて投資枠」と「成長投資枠」の違いが今ひとつ……。

次頁で表にまとめてみました。証券会社などでは、「つみたて投資枠では長期積立、成長投資枠ではより積極的に」などと言われるかもしれませんが、ぶっちゃけ**初心者はどちらの枠もつみたて投資枠の商品から選ぶのが安心**かも。S&P500もオルカンもありますよ。

また、**成長投資枠でもつみたて投資枠と同じ商品を積立できます**。

なんだ、じゃあ、360万円全部オルカンで積み立てることもできるのね。ま、私の場合、マックスで積立できるほど余裕はないから、ひとまず、つみたて投資枠から埋めていくとして、オルカンとS&P500両方積立してみようっと。何にしてもシンプル～♪

そうそう。まずは金融庁が吟味してくれたインデックス投信《ファンド》で、長期・分散・つみたてで投資を。慣れてきてから、アクティブ投信や個別株、ETFなどに興味があれば、余っている成長投資枠

で買う、という順番がオススメです。

実は、個別株や米国高配当ETFとかってのも興味あるんですよ〜。

米国ETFも確かに人気ですね。ただし、成長投資枠で買える商品には、買うタイミングを見極める必要があったり、積立できない商品もあります。また、リスクもより高くなります。購入する前に必要なことを調べて吟味したうえで、無理のない範囲内ですることが大事です。

はーい。まずは、つみたて投資枠の商品の設定からはじめます！

◆図版タイトル入る

	2024年からの新しいＮＩＳＡ	
	つみたて投資枠	成長投資枠
口座開設期間	いつでも	
新規投資期間	無期限	
非課税期間	無期限	
年間投資枠	120万円	240万円
生涯投資枠	1800万円（うち成長投資枠は1200万円まで）	
投資対象商品	金融庁が認めた長期投資に適した投信	金融庁が認めた長期投資に適した投信 ・株式投信のうち、金融庁が認めた基準に達したもの ・整理・監理銘柄を除く上場株式 ・ETF、REITなど
投資手法	積立（年2回以上）	制限なし

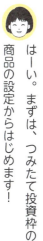

Q iDeCoって何？ 誰でも使えますか？

iDeCo（個人型確定拠出年金）は、**個人が任意で加入できる年金制度**です。自分で運用する商品と掛ける金額を決め、その運用益と合わせて将来の給付として受け取ることができます。加入できるのは、65歳未満の国民年金被保険者。

もともと、厚生年金や企業年金などに加入していない自営業者等（国民年金第1号被保険者）のための制度でしたが、会社員や公務員、専業主婦（夫）、学生、無職など、広く利用できるようになりました（拠出額には差があります）。

メリットは、**掛金の全額を所得控除**でき、**運用益は非課税**、さらに**給付時にも税制の優遇**があるなど、節税効果が高いこと。

デメリットは、原則として**60歳までは引き出すことができない**ことです。

*口座の開設については、118頁～で説明しています。

✦ iDeCoは、誰がいくらまで使えるの？

iDeCoの拠出限度額について

加入資格		拠出限度額
(国民年金第1号被保険者・任意加入被保険者) **自営業者等**		**月額6.8万円** (年額81.6万円) (国民年金基金または国民年金付加保険料との合算枠)
(国民年金第2号被保険者) **会社員・公務員等**	会社に企業年金がない会社員	**月額2.3万円** (年額27.6万円)
	企業型DC※1のみに加入している会社員	**月額2万円※3**
	DB※2と企業型DC※1に加入している会社員	**月額2万円※4**
	DB※2のみに加入している会社員	**月額2万円**
	公務員	**月額2万円**
(国民年金第3号被保険者) **専業主婦(夫)**		**月額2.3万円** (年額27.6万円)

＊1 企業型DCとは、企業型確定拠出年金のことをいう。
＊2 DBとは、確定給付企業年金(DB)、厚生年金基金、石炭鉱業年金基金、私立学校教職員共済をいう。
＊3 企業型確定拠出年金(企業型DC)のみに加入する場合
月額5.5万円－各月の企業型DCの事業主掛金額(ただし、月額2万円を上限)
＊4 企業型DCとDB等の他制度に加入する場合
月額2.75万円－各月の企業型DCの事業主掛金額(ただし、月額2万円を上限)

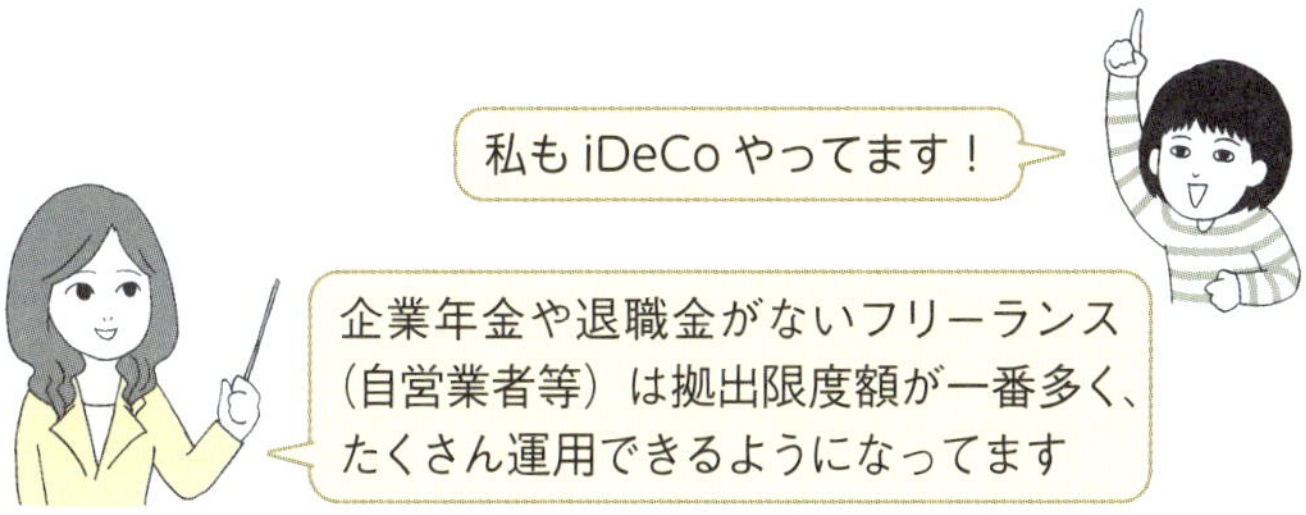
私もiDeCoやってます！
企業年金や退職金がないフリーランス(自営業者等)は拠出限度額が一番多く、たくさん運用できるようになってます

八木'sポイント

iDeCoのメリット&デメリット、上手く使うコツ

私もiDeCo、やってますよ〜！　国内の株式と債券、海外の株式と債券、それぞれインデックス投信で。債券はほんのちょっぴりですが。
　ちょうど2020年から始めて月々の限度額くらい掛けてました。コロナショックとほぼ同じタイミングで始めたので、株価が低迷していたころに積み立てられて、いい感じに育ってくれてます。長期積立の力、実感してます！

iDeCoは年金ですから引き出そうにも簡単には解約できませんからね。暴落時もパニック売りが避けられて、結果として資産が育っている人が多いかも。引き出せない＝貯まりやすいってことですから、老後資金の運用という意味では最適な環境ですね。
　商品数はNISAと比べるとかなり限定されますが、**老後の資産形成に適した手堅い商品が多い**。オルカンやS&P500を取り扱っている金融機関もありますよ。
　リスク商品以外に元本確保型商品として定期預金もあります。ただし、iDeCoは加入時に手続料、運用中に事務手数料や管理手数料がかかります。定期預金の金

利は0・1%～が多いので、**手数料分マイナス**になる可能性が大きくなりますね。

私はiDeCoも楽天証券。運営管理手数料は0円でした♪　iDeCoといえば、掛金の全額が所得控除の対象になるのも魅力です。

NISAとの大きな違いであり、iDeCoの最大のメリットは、掛け金が節税になるところですね。特に個人事業主は、**事業所得から最大で81・6万円を控除**できます。拠出する額や税率にもよりますが、年間で数万円から多い人だと30万円以上の節税になるケースも。

もしも私に何かあったときは、60歳前でも受け取れるんですよね？　ローン残額を確認してみたら、iDeCoの運用金で足りそうなので、生命保険は解約しちゃいました。息子たちには、「母さんに何かあったら、iDeCoのお金で、あとはよろしく！」って言ってあります。

はい、加入者に何かあった場合は、**死亡一時金や障害給付金として給付**されます。ただし、死亡一時金は、3年以内に申請すること。そうでないと相続税の非課税枠が使えません（111頁）。

3年以内の手続き、厳令しなきゃ！

Q 企業型DCって何ですか？　利用すべき？

企業型ＤＣ（企業型確定拠出年金）は、**企業がお金を拠出し、従業員が商品を選んで運用する年金制度**。ｉＤｅＣｏの企業版といった感じです。ただし、全ての企業が導入しているわけではありませんので、「会社勤めしてるけど、初めて聞いた！」という人も慌てずに。

企業型ＤＣを導入している場合、企業が拠出する額に自分で上乗せ（マッチング拠出）できる会社もあります。企業型ＤＣへの加入を選択制にしている企業もあります。

企業型ＤＣのメリットは、**会社がお金（の一部または全部）を出してくれる**こと。また、マッチング拠出などで**追加で拠出した分も全額が所得控除**になります。

デメリットは、ｉＤｅＣｏ同様、原則として**60歳までは引き出せない**ことです。

✦企業型DC、マッチング拠出って何？

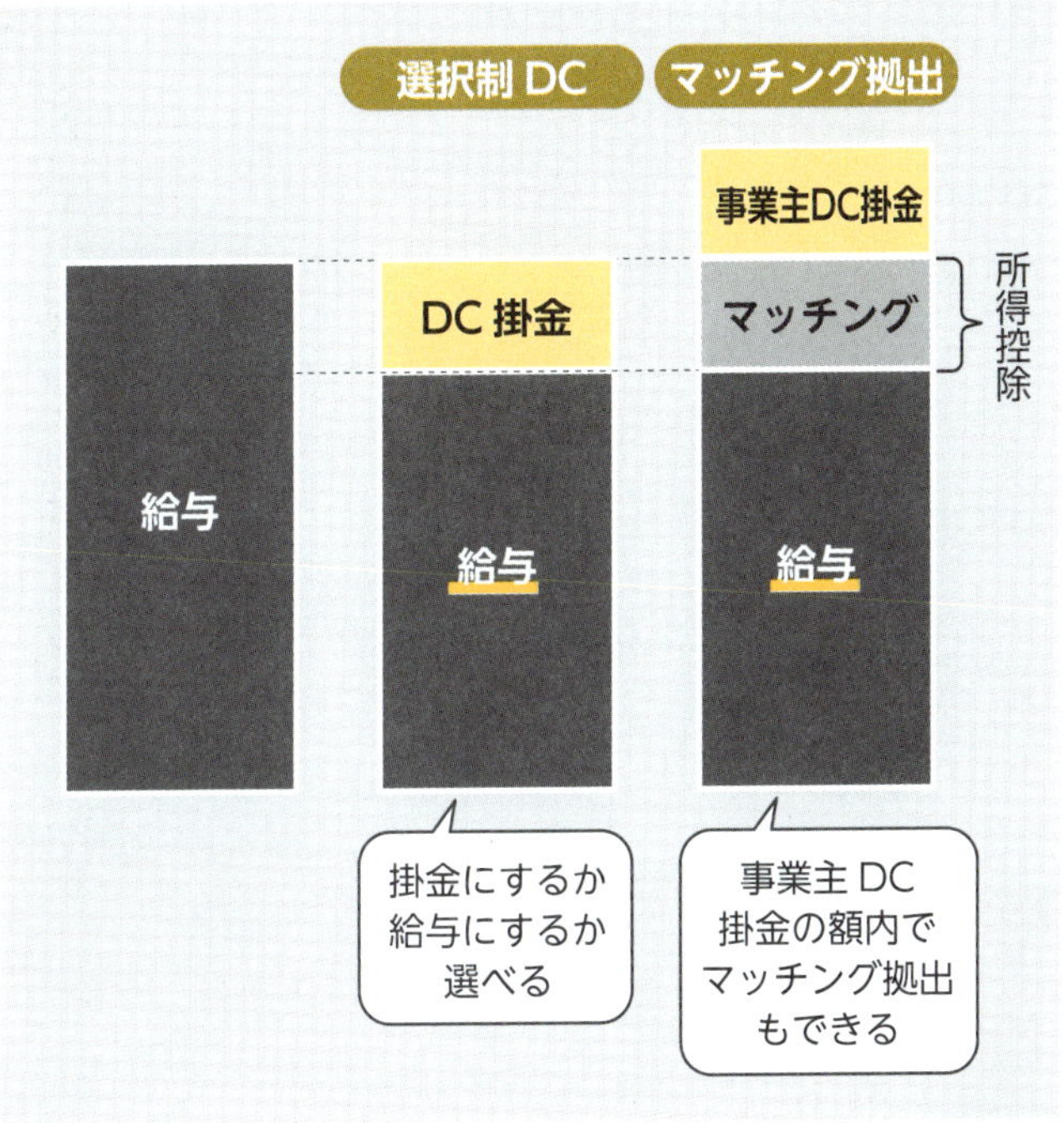

ん？　お給料減ってるように見えるけど…

給与から掛金を拠出して将来もらうお金を運用するので、減ったわけじゃないですよ。掛金の分が非課税になるので所得税は安くなります！　また、給与に上乗せして掛金を拠出してくれる企業もあります

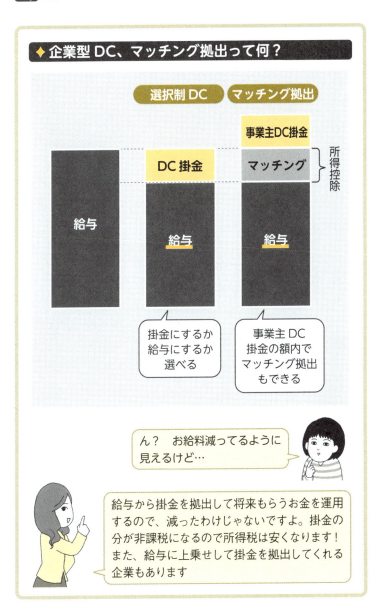

八木'sポイント

企業型DCとiDeCoは受け取り時の試算がカギ

新卒で入った会社には、独自の企業年金があったなぁ。退職して数年後に、厚生年金連合会ってとこに移転するとかで連絡がきて、手続きしたっけ。

はいはい、厚生年金基金ですね。かつては主要な企業年金制度の一つでしたが、現在はその役割を企業型DCなどに移行しつつあります。

企業型DCを導入している会社に就職した場合は、入社時に商品を選択しているはずです。商品のラインナップは会社によって異なります。

掛金を出してもらえるなんていいなぁ。会社勤めはやっぱり福利厚生が手厚い。

すべての会社が企業型DCを導入しているわけじゃないですよ。また、会社員でもiDeCoを利用して老後資金を準備することができます（98〜99頁）。企業型DCに加入していない会社員は、若干ですが拠出限度額が多いですね。

確かに。ところで99頁の図にもある、DB（確定給付企業年金）というのは？

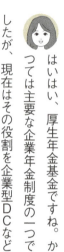

DBは拠出だけでなく運用も会社がします。社員がするのは約束された給付額を受け取ることだけ。運用のリスクは会社が負います。

あ、昔ながらの企業年金と同じね。

いろいろな制度があって混乱しますが、**社員が自分で選択して運用できるのは、企業型DCとiDeCo**です。

覚えておきたいのは、iDeCoや企業型DCは運用中は非課税ですが、受け取るときは優遇はあっても非課税ではないこと。受け取り方のシミュレーションは複雑です（106〜109頁）。

パートで働いていて所得税の支払いがない場合などは、NISAを使って老後資金を準備していくほうがシンプルですね。NISAなら運用益はつねに非課税、いつでも資産を売却できる流動性が魅力です。

シンプルな戦略もいいなぁ。たくさん稼いで所得税の優遇が大きい人ならiDeCoはよいけど、ぼちぼち稼ぎの私が使い勝手よくお得に運用するなら……、iDeCoは手数料負けしない最低限の金額にして、それ以外はNISAでの運用にシフト、この戦略にしようかしらん。

Q iDeCo・企業型DC、受け取るときの優遇って何？

iDeCoや企業型DCは年金制度なので、退職所得控除や公的年金等控除などの税金がお得になる優遇措置があります（受け取り方によって税金の額が変わります）。

- 年金で受け取るとき・・・**公的年金等控除**の対象（上限あり）
- 一括で引き出すとき・・・**退職所得控除**の対象（上限あり）
- 併給・・・・・・・・・2つとも対象（上限あり）

受給を開始する時期は、**60～75歳の期間**で選ぶことができます。
働き続ける人や国民年金を任意加入する人は、65歳まで拠出することも可能です。

＊企業型DCは企業によって諸条件が異なります。担当部署に確認しましょう。

✦ iDeCo、受け取るときにお得になる金額って？

● 一括で引き出すとき（退職所得控除の対象）

控除額の計算は…

退職所得控除額の計算の表

勤続年数（=A）	退職所得控除額
20 年以下	40 万円 × A （80 万円に満たない場合には、80 万円）
20 年超	800 万円 ＋ 70 万円 ×（A － 20 年）

※勤続年数を iDeCo の加入年数に代えて計算しましょう

税金がかかるのは、**控除した（引いた）後の金額の 1/2**

超ざっくり言うと、
税金がかかる金額が
かなり少なくなるってことか

● 年金として受け取るとき（公的年金等控除の対象）

控除額は…

65 歳未満は年額 **60 万円**
65 歳以上は年額 **110 万円**
} **この金額以内は非課税！**

税金がかかるのは、上記金額を**控除した（引いた）後の金額**

注意したいのは、60 歳から受け取るためには、10 年以上加入している必要があること。足りない場合は受給できる年齢が後ろ倒しになります

八木's
ポイント

iDeCoと企業型DC、お得に受け取る方法

iDeCoや企業型DCは、受け取るときに必ずしも非課税、とはいかないのね。私も試算してみたら、退職所得控除だけじゃ非課税にはならなかった……。

専業主婦（夫）など、拠出額が多くなくて他に退職金がない場合は、一括で給付されても非課税限度内におさまることもあるけど、多くの場合は税金0円は難しい。フリーランスは拠出限度額も大きいから、一括で受け取るとなると全額非課税とはならないケースが多いでしょうね。

会社員の場合は、iDeCoのほかに退職金もあるので、同時に受け取る場合はその額が加算されるため控除だけでは全額非課税となるのはより難しいでしょう。ただし、**iDeCoを60歳で受け取り、5年後に退職金を受け取る場合は、それぞれに退職所得控除が適用できます**。

も、もう少しわかりやすく……

基本の攻略法は**一括と年金の併給**。①退職所得控除の範囲内で一時金として受け取り、②残額があれば公的年金等控除の範囲内で小分けに受け取ること。

✦ iDeCo・企業型ＤＣ、結局どう受け取ればいい？

オススメは併給！

① 60 歳で**退職所得控除の範囲内**で**一時金**として受け取る

② 残額があれ**ば公的年金等控除の範囲内**で小分けに年金として受け取る

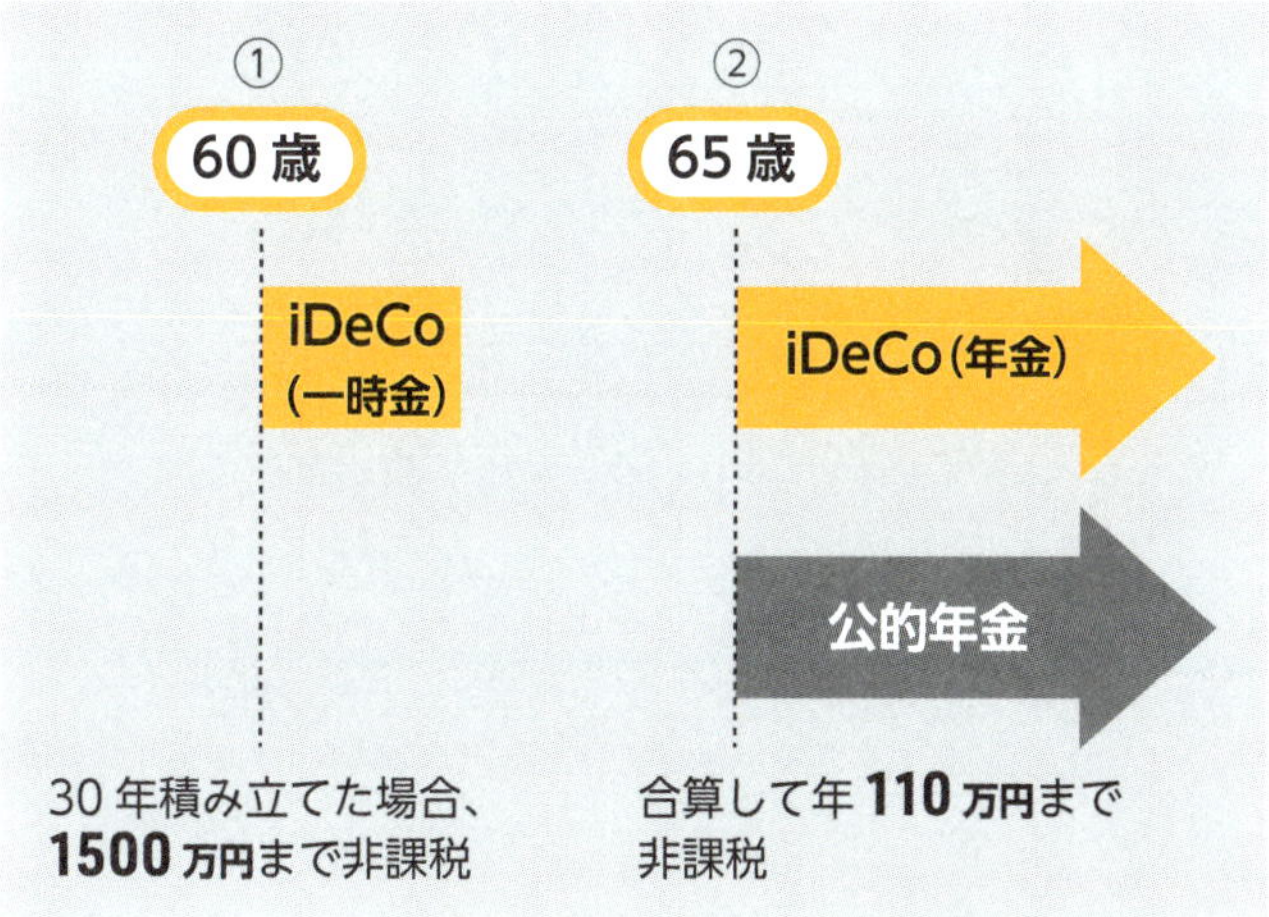
①
60 歳
iDeCo（一時金）
②
65 歳
iDeCo（年金）
公的年金
30 年積み立てた場合、1500 万円まで非課税
合算して年 110 万円まで非課税

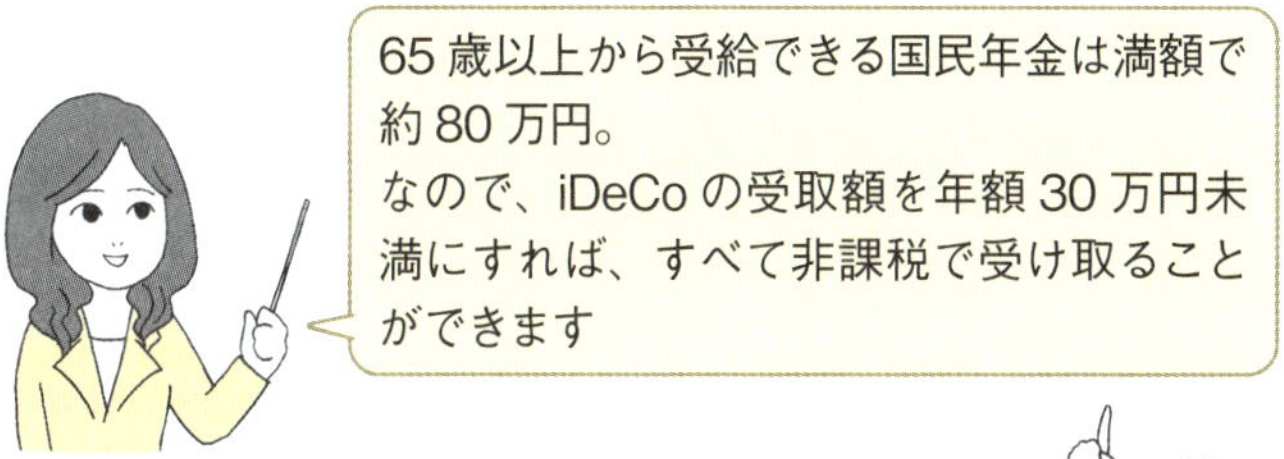
65 歳以上から受給できる国民年金は満額で約 80 万円。
なので、iDeCo の受取額を年額 30 万円未満にすれば、すべて非課税で受け取ることができます

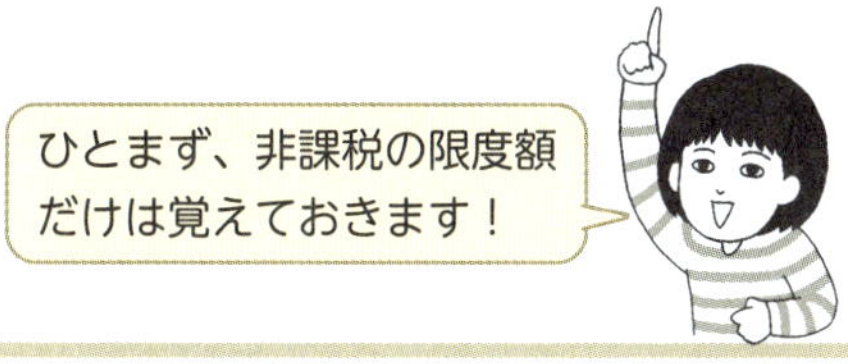
ひとまず、非課税の限度額だけは覚えておきます！

そのくらいなら覚えられそう！

あと、覚えておきたいオプションが2つ。

一つめは**給付開始の時期は60〜75歳で選べること**。iDeCoの資産は運用益が非課税。資産がすぐに必要でない場合など、利点を生かして運用を続けることもできます。たとえば、値動きのある商品で60歳のときに株式市場が暴落！　なんてことがあったら、受け取りをすぐに開始せず、75歳になるまでなら資産価値が高まるまで待つこともできます。ただし、**75歳になるまでに受け取りの請求をしなかったときは、一括での受け取りのみ**となるのでお忘れなく。

2つめのオプションは、条件次第で**65歳まで拠出可能**なことです。

条件は、次頁の通りです。

市場の様子と自分の都合から、タイミングを選べるのは助かる〜♪

そういえば、私、国民年金未加入の時期もあったような……。その期間分任意加入してiDeCoも運用っていう手もあるか。ふむ、心に留めておこう。

死亡一時金、障害給付金の請求も大事。決められた期限内に請求しないと、非課税枠が利用できないなど、お得な制度が使えなくなります。

家族への伝達、徹底します！

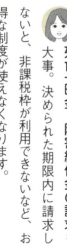

◆ iDeCo、65歳まで拠出可能な条件は…？

1．60歳以上65歳未満の会社員や公務員（第2号被保険者）

2．60歳以上65歳未満で国民年金に任意加入している自営業者等（第1号被保険者）

※老齢給付金の受給を開始後は拠出できません

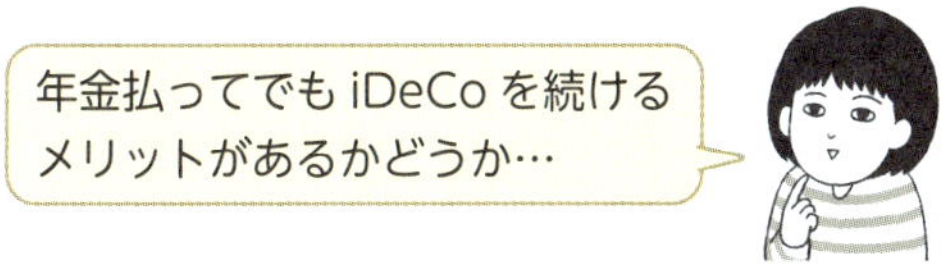
年金払ってでもiDeCoを続ける
メリットがあるかどうか…

◆ もしものときは、忘れずに請求・受け取りを！

死亡一時金

受取方法：「**死亡一時金**」としてのみ受け取り可能

請求手続き：**遺族による請求**「死亡一時金裁定請求書」を提出

税制優遇：死亡日から支給確定日までの期間によって税制が異なる

3年以内	**「みなし相続財産」の非課税枠**が使用できる
3年以上5年未満	**一時所得の課税対象**
5年以上経過	**相続税の課税対象** **遺族からの申し出がない場合、法務局に供託** 注意！

障害給付金

受取方法：**年金**、**一時金**、**年金と一時金の組み合わせ**から選択可能

請求条件：加入期間が**10年未満でも受け取り可能**

加入者、もしくはその配偶者または3親等以内の親族による請求が必要
障害者に認定されても**自動的に給付されるわけではない** 注意！

→ もしものときは、すぐ請求手続きを！

Q 投資をするには…？証券口座はどうやって作るの？

ＮＩＳＡやｉＤｅＣｏなどの制度を使って投資商品を購入するためには、まず証券会社などの取扱金融機関に口座を開設します。

オススメは大手ネット専門証券会社。窓口のある対面型の証券会社に比べて**商品数が豊富で手数料が安い**のが特長です。特に、ＳＢＩ証券や楽天証券などは、取扱銘柄数が圧倒的に多く、積立金額も低額（１００円～）から始められます。

証券会社のほかに銀行などでもできますが、投資できる取扱商品は投資信託のみになるなど、さらに少なくなります。

証券口座（総合口座）の開設自体はすぐにできますが、**NISA口座**は税務署の審査を受けてから開設承認となるので、通常は、**申し込み後すぐに取引はできません**。**iDeCo**も申し込みから運用開始まで、**2～3ヶ月程度かかります**（時期によります）。手続きは早めに取り掛かりましょう（口座開設の手順は１１６～１１９頁）。

◆ 証券口座の開設にかかる時間は…？

特定（一般）口座	最短で**翌営業日**に開設 ＊最短はオンライン申し込み、最長は郵送で２週間ほど
NISA 口座	**2～3 週間** ＊仮口座を開設、早期取引が可能な金融機関も
iDeCo	**2～3 ヶ月**

※時期により前後します

◆ NISA 口座の金融機関を変えたいときの手順

「A 銀行から B 証券に NISA 口座を移したい…」

① 開設している金融機関に申請

② 金融機関から「**勘定廃止通知書**」、または「**非課税口座廃止通知書**」を受領

③ 変更を希望する金融機関に必要書類を提出

④ 金融機関の変更が完了

※変更を希望する年の前年の 10 月 1 日から変更を希望する年の 9 月 30 日までに手続きを完了する必要があります

NISA 口座内の資産を直接新しい金融機関に移管することはできません。元の金融機関で保有し続けるか、売却して新しい NISA 口座で買い直すことになります。旧 NISA 口座は**一般 NISA は購入してから最長 5 年、つみたて NISA は最長 20 年非課税**で運用できますよ！

※非課税期間終了後は、特定口座での運用となります

私は旧 NISA（一般）口座で、
そのまま保有予定です

八木's ポイント

窓口を活用するときの注意事項

私は、現在iDeCoもNISAも楽天証券。友人がゆうちょ銀行でNISA口座を作ったと聞いて「証券会社以外でもできるの!?」と驚きました。

NISAやiDeCoなどの投資商品は、銀行などの金融機関で口座を開設して買うことができます。ただし、商品数はとても少ないことがあります。

たとえば、金融庁が認めているつみたて投資枠の商品は300以上あるんですが、とある金融機関だとたった2つ。だいぶ絞っちゃったのねぇって私も驚きました。

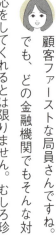

実は郵便局に行ったついでに「NISA始めたいんですけど～」ってビギナーを装って聞いてみたら、パンフレットをくれた局員さんが「ウチは商品少ないのでネット証券さんがいいですよ」って丁寧に教えてくれました。

顧客ファーストな局員さんですね。でも、どの金融機関でもそんな対応をしてくれるとは限りません。むしろ珍しいと思ったほうがいいかも。特に「何もわからないので教えてください」という初心者マークをつけて無防備で飛び込んだ日には……。

あ！　そういえば、別の友人からは、「鴨ねぎ鍋にされそうになった」って話も聞きましたよ。話を聞きに行った金融機関で、ある商品を激推しされたと。こちらの希望も聞かず、なんか嫌だな、と思っていたら隣のブースでも同じ商品を売り込んでいるのが聞こえてきて、「顧客の都合じゃなく、この店の売りたい商品を勧めてるんだ」と察して帰ってきたそうです。

月の売上目標や売込む商品が決まっているんでしょうね。

覚えておくべきは、店のオススメ商品が私たちにとっていい商品と必ずしも言えないこと。販売する側にとってのいい商品は手数料が高いもので私たちにとっては損な商品なこともあります。また、感じがいい店員だから商品もいいとは限りません。優秀な窓口のスタッフは、店のオススメ商品を上手に売る人。手数料が高いなんて思わずに購入して、手数料がなければもっと利益が出たことにも気づかないケースもあります。

望まない商品を勧められることを頭に入れて、**金融機関は情報収集の場**にとどめておきましょう。今はネットで金融機関の口座開設が簡単になりました。次頁で、迷いがちな点も含めて説明していますので参考にしてください。

ステップ

1．口座開設の申し込み ポイント1・2

証券会社のサイトで「口座開設」や「NISA 口座開設」をクリック！

2．本人確認書類の提出 ポイント2

個人情報などを入力。本人確認書類とマイナンバー確認書類をスマートフォンなどで撮影しアップロード。受取方法は「メールで受け取り」が早い

3．取引パスワードの設定 ポイント3

本人確認書類を送信して数日後、本人確認審査完了の通知メールが届いたら、取引パスワードを設定。手続きや取引で毎回必要になるので忘れないように

4．総合口座の初期設定と完了通知の受け取り ポイント4

記入項目は虚偽申告にならないことだけ気をつければおおよそで大丈夫。信用取引や FX 口座など余計な口座の開設はしなくて OK

5．仮口座開設

証券会社での審査が通ると NISA 口座が仮開設　＊金融機関による

6．税務署の審査

証券会社から税務署に NISA 口座開設の申請（1 ～ 2 週間）

7．本口座開設の完了！

税務署の審査が承認され NISA 口座の開設が正式に完了
証券会社から「NISA 口座開設審査完了のご連絡」等のメールで通知

取引開始 OK ！ → オルカンや S&P500 などの購入時は**「NISA」を選択！**

商品を購入するときの口座は**NISA を選択**。特定口座や一般口座は運用益に税金がかかります

◆トライ！ ネットで証券口座を開設しよう

NISAスタートまでの流れを紹介！※詳細は各金融機関のサイトで確認

準備

☑ 信頼できるネット証券会社を選ぶ

☑ 本人確認書類をそろえる

マイナンバーカード 一番カンタン！

マイナンバーカードがない場合は、運転免許証、健康保険証などのほか、
マイナンバーを確認できる書類（通知カード、マイナンバー記載の住民票）

NISA口座は1人1口座。
オススメはSBI証券か楽天証券。
マイナンバーカードとスマホがあれば
ネットで簡単＆スピーディに手続きできます！

ポイント

1. 「特定口座」、「NISA」を選ぶ！

特定口座、一般口座、納税方法を選ぶところでは、
「特定口座　源泉徴収あり」（確定申告の必要なし）を選択。
NISAの選択はもちろん「**NISAを申し込む**」

2. 「ネットで口座開設」が早い

スマホがあるなら**「郵送」**より**「ネット」**を選択
書類提出もカメラで撮影＆送信でき、早くてラク

3. 「パスワード」は2つ

「**ログインパスワード**」と「**取引パスワード**」、
どちらも忘れないように保管

4. 配当金の受取方法は「株式数比例配分方式」を選択

NISAを登録した証券口座に配当金の振込がされないと**NISAの配当金が非課税にならない**ので高配当株・ETF投資を検討している人は特に注意

ステップ

1．個人型確定拠出年金（iDeCo）の申し込み ポイント1

証券会社のサイトで iDeCo 申し込み画面へ。職業など質問に沿って進み、メールアドレス、氏名などの基本情報を入力。メールに届いた URL から手続きを再開、申し込み方法を「**ネットで申し込み**」などオンラインを選択

2．必要書類のアップロード ポイント1・2・3

個人型年金加入申込書に入力、本人確認書類（運転免許証など）をスキャンまたは撮影。基礎年金番号、掛金引き落とし口座情報などを入力。**会社員・公務員の場合は「事業主の証明書」**も必要。商品の配分設定は後からでも OK

3．審査と承認の待機 ポイント4

金融機関と国民年金基金連合会での審査（約1～2ヶ月）

4．ID・パスワードの受領

承認後、加入者サイトにログインするための ID とパスワードが通知

運用開始！ → **商品設定していないときや変更したい場合は WEB で可能**

掛金の額は、年間の回数や毎月の金額を選べる制度もあります。

でも、迷うようなら**定額で OK**。毎月一定額を掛けることでドル・コスト平均法（46～47頁）によるリスクを軽減できる可能性があります

◆トライ！ ネットでiDeCoをはじめよう

iDeCoスタートまでの流れを紹介！※詳細は各金融機関のサイトで確認

準備

- ☑ 信頼できるネット証券会社を選ぶ　＊NISAと同じ証券会社でもOK！
- ☑ 本人確認書類をそろえる

マイナンバーカード　一番カンタン！

マイナンバーカードがない場合は、運転免許証、健康保険証などのほか、マイナンバーを確認できる書類（通知カード、マイナンバー記載の住民票）

年金手帳または**基礎年金番号通知書**

掛金引き落とし口座の情報
事業主の証明書（会社員や公務員の場合）

iDeCoも1人1口座。
ネットからの申し込みだけの
郵送なしで完結する金融機関もアリ。
年金手帳などが必要なのよね…

ポイント

1.「ネットで申し込み」が早い

スマホがあるなら「**郵送**」より「**ネット**」を選択
書類提出もカメラで撮影＆送信でき、早くてラク

2.「掛金の配分設定」は後からでもOK

運用商品の入力は、後から**WEBで設定可能**

3. 会社員・公務員は勤め先による記入も必要

会社員や公務員の場合は「事業所登録申請書兼第2号加入者に係る事業主の証明書」に**勤め先による記入**が必要

4. 手続き完了まで2～3ヶ月

勤め先での書類記入、審査などで時間がかかる。**早めに手続き**を

プロの本音トーク

私がネット証券を勧める理由

私がSBI証券や楽天証券などのネット証券会社を勧めるのは、シンプルに**顧客の利益につながりやすい**と思うからです。

FPとして活動をはじめたころ、顧客のニーズを考え、証券外務員の資格も取得しました。「証券口座の作り方がわからない、自分でやるのは面倒」という人に代わって口座を開いたり商品を売買したりできる資格です。そのとき感じたのが、「自分で注文すれば手数料なしで買えるのに、私が仲介すると手数料がかかってもったいないなぁ」ということ。

シニア世代などインターネットが苦手というのならわかりますが、私の顧客世代は30～50代がメイン層。「自分でできる人に余計な手数料がかかる方法を勧めたくない。FPはお金のお医者さんのはず。最終的に自分の**健康管理は自分でするもの**。医者に依存させるようなことはしたくない」そう思ったので、外務員の仕事はやめることにしました。証券外務員やIFAが必要な人もいますが、私は別のアプローチでお役に立とう、と心に決めたのです。

一昔前は、顧客の利益を顧みずに売買させて手数料で稼ぐのが優秀な金融マンだったと聞きます（現在は状況も変わってきました）。周囲はどうあれ、自分が胸を張って、誰かの笑顔を喜べる誠実な仕事をしよう。そんなふうに思いながら、日々過ごしています。

3章

アクティブ投信・個別株・独立系…もっと投資したいときは？

投資って面白い！
そう思ったあなたへ
インデックス投信以外の
投資商品のメリット・デ
メリット、経験者の体験
談や私の失敗談までぶっ
ちゃけます！

投資が楽しくなったあなたへ

成功のコツは「日々の生活が第一」のスタンス

「インデックス投信《ファンド》以外の商品も買ってみたい！」

証券会社でNISA口座を作り、投資信託でつみたて投資を始めた人の中には、そう思った人もいるでしょう。

資産運用として投資をするなら、インデックス型の投資信託の積立だけで十分だと個人的には思っていますが、他の投資商品にトライしてみるのもいいと思います。

本来、投資は社会と自分を「資本」というパイプでつなぐ手段です。

「個人が**資本主義経済の源流に参加する**こと」ともいえますね。

企業の株を買うということは、その会社のオーナーになること。

事前にそれなりの調査や勉強は必要です。

お給料をもらったり消費したりするのとは違った目で社会を見渡す機会にもなります。

みなさんに忘れないでいてほしいのは、「日々の生活を大切にすること」。

株価が気になるあまりに、仕事や家事や大事な人との関係がおろそかになってしまうような**投資に支配されるスタイルはNG**です。

具体的に言えば、レバレッジをかけた信用取引など、短期売買で利《り》鞘《ざや》を稼ぐトレードは本書の範囲外。

本来の投資の意味とも違ってきます。

投資をすることで、仕事もプライベートも充実するようなスタイルを見つけていきましょう。

投資は人生を豊かにするもの

株価が気になって生活が疎かになるのは本末転倒ですよ！

Q 応援したい企業の株を買うのはどうでしょう?

自分が好きな商品を出している会社、これからも頑張って欲しい企業の株を買うのは、もちろんアリ。そもそも投資とは、そういうものです。

始めるときは、次の3つのポイントを心がけてみましょう。

- 長期保有できる株を買う
- 「自分の能力」の範囲で買う
- 少額から始めて、経験しながら勉強する

以前は、日本の株を個別に買おうとすると1銘柄1単元(100株)からしか買えませんでしたが、現在は単元未満株の取扱をしているネット証券などで、**1株(数百~数千円)から買える**ようになりました。

自分の取れるリスクの範囲内で購入しましょう。

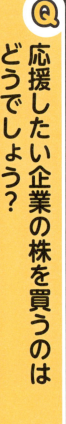

✦個別株など投資をはじめるときのチェック事項

- ☑ 長期保有できる株を買う
- ☑ 「自分の能力」の範囲で買う
- ☑ 少額から経験しながら勉強を

注意！ **信用取引、短期売買は資産形成とは別物！**
初心者は手を出さなくてOK！

ん？　信用取引って？

信用取引というのは、レバレッジをかけて…つまり借金をして投資することです。リスクが高いのでオススメしていません

八木'sポイント

超基本！　優良な個別株を選ぶ3つのポイント

実は気に入って使っているSNSの会社が数年前に上場していたので研究もかねて1単元だけ買ってみたんですよ。純粋な興味半分、大化けしたらラッキー半分って感じです。株価のチャートの上下で、含み益がプラスになったりマイナスになったり……。面白く眺めてます！

個別株の選び方の王道「**お気に入り&身近な商品・サービスに注目**」ですね。「この会社は製品のここがいい」「このサービスは将来性もあるから頑張ってほしい」など実際に利用して消費者目線で良さを実感していると株価が下がっても持ちこたえられます。「今は知名度ないけど10年したらいけそう」とかね。

単元株だと100株、安くても数万円～ですが、一部のネット証券では1株単位で買える銘柄もあります。数百～数千円で買えるので、少額からはじめて実地で勉強しながら慣れるのにいいですね。

株選びのポイント、他にも、ぜひ！

会社の実績をチェックするのも大事。サイトの「企業情報」「IR情

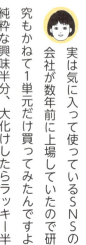

報」「投資家の皆様へ」は必ず目を通しましょう。その会社の事業と社会への姿勢・熱量がわかります。最近は動画で情報を公開している会社も多くなりました。

ホントだ。オンライン決算説明会ってのがある。どれどれ……（2倍速で視聴）、あ、社長さんも出てる。ふむふむ、売上や購買層の推移はこれで、実際の事業展開と結果は……なるほど〜、今後の事業計画も解説してくれるのね、ふんふん、これなら今後も期待してよさそう〜。もうちょっと買うかな♪

実際の**株価チャートの確認**も大事。証券会社によりますが、サイトで手軽にチェックでき、長いところは30年間の動きを確認できます。

長期で株価が上がっているかどうかは重要なチェック事項。いくら情熱や使命感があっても、社会と噛み合わなければ事業は成功しません。**ジグザグしながらも右肩上がり**で、ゆっくりでも株価が上がり続けられる会社は、必要とされ市場で生き残っていけるということ。そうした長期保有に適した会社の株を買い、価値がある限り持ち続ける。投資の神様と言われるバフェット氏も同じ手法です。

株価チャートの他にも、直近のニュースや業績のまとめの解説も！　便利〜。気になる会社は調べてみようっと♪

高配当株、高配当ETFって何？どんな人向き？

高配当株や高配当ETFとは、株価に対して高い配当金が得られる企業の株式や上場投資信託のこと。一般的に**配当利回りが4％以上の株式**を高配当株と呼ぶことが多いようです（配当利回りとは、現在の株価に対する年間配当金の比率のこと）。

投資をしながら**リアルタイムで現金収入もほしい人向け**と言えます。

高配当株には、以下のような特徴があります。

- **インカムゲインの獲得**：継続的な配当収入（インカムゲイン）が期待できる
- **リスク管理**：株価下落時のリスクを一定程度カバーできる可能性がある
- **減配リスク**：業績悪化により配当金が減額される可能性がある
- **成長性の低さ**：高配当を出す企業は成熟企業が多く、急激な成長は期待しにくい

銘柄選びは、配当利回りだけでなく企業の財務安定性や成長性も考えるのが大事です。

◆高配当株とは？　どんなものがあるの？

＊**高配当株：**一般的に配当利回りが 4% 以上の株式のこと

日本郵船、ホンダ、日本たばこ産業、武田薬品工業、コマツ、KDDI、日本製鉄、ソフトバンク、みずほ FG、丸紅、花王、ブリヂストンなど

急成長よりも安定した収益を重視する**成熟期の企業**が多いのが特徴

※本書では、特定の銘柄を勧めていません。例として掲載しています。

◆高配当 ETF とは？　どんなものがあるの？

＊ **ETF：**上場投資信託。複数の銘柄を集めた商品で株式と同じように証券取引所の取引時間内にリアルタイムで売買できる

国内 ETF	日経平均高配当株 50 指数連動型上場投信など
米国 ETF	バンガード S&P500 ETF (VOO)、バンガード トータルワールドストック ETF (VT) など

ここでも日経平均とか、
S&P500 が指数で使われてる！

オルカンと同じ指数に連動する ETF もありますよ。高配当株や ETF は**買い時を選ぶタイミング投資**。高値づかみを避けて購入するためには、勉強と市況観察が必要な投資です

八木'sポイント

配当利回りだけで判断せず、長期保有できるものを選ぶ

高配当株投資って、長期保有で株価の値上がりを享受しながら、同時に**配当金ももらえちゃう**んですよね♪　調べてみたら、米国の高配当ETFっていうのがいいらしいので評判のいいのをいくつか選んで、とりあえず少額で始めちゃいました！　えっと、投資信託や個別株とどう違うんでしたっけ？

「とりあえず」で始めちゃうのが中山さんね。少額ならいいですけど。

ETFはExchange Traded Fundsの略で上場投資信託のこと。通常の投資信託と同じく複数の銘柄を集めた商品です。

投資信託と違うのは上場されていること。株式と同じように証券取引所の取引時間内にリアルタイムで売買できます。

米国ETFは取引コストが比較的安く、人気のS&P500などの指数に連動するものや全世界の主要産業に分散投資できるものなどもあります。

さらに配当金も出るとあって人気の商品です。

老後のお金を用意する重要性はわかるんだけど、今も楽しみたいので！

未来のために準備しつつ、今使えるお金も受け取れるって最高♪　明日、宇宙人の襲来があるかもしれないし。

宇宙人はさておき、今を充実させたいというニーズも確かにありますね。ただ、現役で働いている人には高配当の商品は私はあまり勧めていません。理由は**複利の効果を生かしきれない**から。40、50代はまだまだ稼ぎどき。人によっては子どもが巣立って余裕資金が増え、一番効率よく資産が貯まる期間です。この時期に仕込んだものが5年後10年後、大きく育っていくので、もったいないかな、と。そういったデメリットも理解したうえで購入するのであれば良いと思います。お金の使い方は貯め方以上に個人の哲学が出るもの。正解はなく、**どれだけ自分自身が納得できるか**が大事ですね。

デメリットといえば、配当金が減ることもあるんでしたっけ？

リスク商品ですからね。逆に増えることもありますよ。利回りはあくまでも予定。増配・減配・無配は、業績だけでなく会社の姿勢に大きく影響されます。過去の配当は証券会社のサイトで確認できますよ。それから、株式の場合は買い時は選んだほうがいいかな。

も、もう少し勉強してみます。

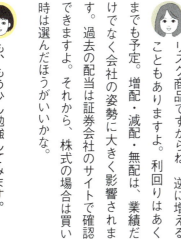

Q アクティブ投信も興味あり。ファンド選びの注意点は？

市場平均を上回る運用成績を目指すのがアクティブ投信《ファンド》。しかしながら、「実際の運用成績（過去20年間調査）では**8割のファンドマネージャーが指標を超えるリターンを残せなかった**」（出典『敗者のゲーム』）というレポートもあります。

そういったマイナス面を踏まえたうえで、なお「市場平均以上を目指したい」という人はトライしてみるのもよいでしょう。

アクティブ投信を選ぶ際のポイントは次の頁の通り。

これらを総合的に判断し、納得できるアクティブ投信を探してみましょう。

また、定期的に運用状況をチェックし、**必要に応じて見直し**を行うことも大切です。

ベースはインデックス投信で手堅く、アクティブ投信はプラスαで活用しましょう。

◆アクティブ投信をはじめるときのチェック事項

- ☑ **運用実績**は市場平均を継続的に上回っているか
- ☑ 運用担当者の方針と自分の**投資方針**が合致しているか
- ☑ **高い信託報酬に見合うパフォーマンス**を上げているか
- ☑ 運用担当者やチームの経験や実績、安定性は適正か
- ☑ **ファンドの資金規模**が適切か
- ☑ 地域・業種など、**ポートフォリオ全体で分散**できているか
- ☑ 運用方針や保有銘柄、市場見通しなどの**情報開示**は適切か
- ☑ **長期的な運用方針**があるか
- ☑ **自分の投資目的やリスク許容度**と合致しているか

オルカンやS&P500に比べると、購入にあたってファンドの投資方針などを確認、その後も市況や業界の情勢を見ていくなどの手間や勉強が必要です。それらが面倒…という人はインデックス投信がオススメですよ！

インデックス投信でいっか
ポテチ

八木'sポイント

大量の商品から「自分好み」を見つけ出すツール

八木センセイは、アクティブ型の投資信託を選ぶのが好きって言ってましたが、何が魅力なんでしょう？

市場全体に投資するインデックス投信《ファンド》と違い、アクティブ投信《ファンド》は、まだ見出されていない成長性の高い分野を発掘して戦略的に投資、より大きなリターンを目指すものです。潜在的な成長企業へ投資するワクワク感があるかな。実験的に買って値動きを観察してましたね。

ダイヤの原石を見つけ出す感じかしらん。探し方のコツってありますか？

ファンドの数は約6000と大量ですが、最近は**証券会社のサイトの検索機能が充実**しています。トップページで「投資信託（投信）」をクリックして、好みの商品を探せるページへいけますよ。

楽天証券だと「投信スーパーサーチ」、SBI証券では「投信パワーサーチ」などの名前がついていますね。

株式か債券か、取引対象地域はどこか、リターンはどのくらいか、など条件を絞って検索できます。

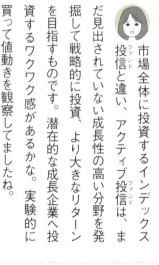

私は楽天証券。確かに、いろんな検索条件にチェックを入れるページが出てきたぞ。試しに「NISAつみたて投資枠」と「インデックスを除く」にチェック、あとは、リターンを「10年で10%以上」も……おっ、9個に絞られた！

チェックする条件には「シャープレシオ」などの専門的なものもあります。専門用語には、投資初心者のために、たいてい簡単な説明がついていますね。もっと詳しく知りたいなら、ネットで検索するなど、自分で調べることも大事。**実践しながら勉強していく**のが投資の勉強には一番です。

習うより慣れよ、と。試しに少額でいろいろ買ってみるか～。

忘れないでほしいのは、全体のバランス。投資の成功は、個々の銘柄よりも、**株式や債券の配分をどうするかで8割決まる**とも言われています。45頁で紹介したお手本など元に、自分なりの配分をきちんと決めておくこと。リバランス（66～67頁）も忘れずに。

そうだ、海外と国内、株式と債券の自分なりのバランスを決めておくんだった。八木センセイのポートフォリオも参考にします！

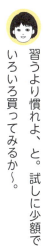

Q 独立系ファンドって、どうでしょう？

銀行や証券会社などの大手金融機関に属さない、独立した運用会社が運用する投資信託もあります。独自の哲学や手法で運用されており、価値観や運用成績に納得できるなら、購入を考えてもよいでしょう。

独立系ファンドは、一般的に次のような特徴があります。

- **顔の見える運用**：運用担当者が投資の考え方や運用状況を直接伝える機会が多い
- **少数限定で長期投資**：厳選した投資信託の長期投資を推奨、投資家教育にも注力
- **直販方式**：販売会社を介さないことで販売手数料を抑える
- **投資家本位の運用**：大手金融機関の影響を受けにくく、投資家の利益を重視
- **個性的な運用スタイル**：独自の投資哲学や運用スタイル

◆独立系ファンドの商品をちょっと紹介！

ひふみプラス（レオス・キャピタルワークス）

- 「守りながらふやす」運用スタイル
- 主に日本の成長企業に投資

さわかみファンド（さわかみ投信）

- 長期保有を前提とした「バリュー投資」
- 未来をよくする企業の「応援投資家」という哲学

結い 2101（鎌倉投信）

- 「いい会社を増やしましょう」が合言葉
- 社会性と収益性のバランスを考慮した銘柄選定

コモンズ 30 ファンド（コモンズ投信）

- 30 銘柄程度に絞った集中投資が特徴
- 長期的な日本の競争力を担う企業に投資

独立系ファンドはいずれもこんな特徴があります

☑ 独自の**運用哲学**に共感する個人投資家から支持

☑ **投資家と投資先企業の対話**や**投資教育**を重視

☑ アクティブ運用でありながら**比較的低コスト**（1％前後）

我が家は鎌倉投信さんが
投資の第一歩でした！

八木'sポイント

手数料高めでも納得できる「付加価値」があるか

実は、我が家の投資はじめの一歩は、独立系ファンドだったんですよ〜。仕事を深掘りするドキュメンタリーで、とあるファンドの「いい会社に投資する」っていう取り組みが紹介されてたんです。面白いなぁと思っていたら一緒に見ていた当時小6の息子が「これやってみたい」と。「**社会科の勉強にもなるのでは?**」という保護者的下心もあり、すぐにネットで調べて親子で説明会に参加しました。古民家の和室で創業者が自ら説明してくれるアットホームな雰囲気で、小学生の息子の可愛らしい質問にも丁寧に答えてくれたのが印象的だったなぁ。私もビギナーだったので勉強になりました。

そういえば、長期・分散・つみたてとか、ドル・コスト平均法なんかも、そこで聞いたのが最初かも。

独立系ファンドの特長満載ですね。**独自の投資哲学**があって、**ファンドマネージャーとの距離が近く**、**投資教育**にも積極的などのわかりやすい実例ですね。

ウチも中山さんとことは別のファンドですが、家族で独立系投資信託を保有しています。広く投資について学ぶ機会を設けていて、親子で勉強できるのもメリットですね。

投資先企業を訪問するイベントもあって、社長さんへのインタビュー動画や仕事現場の工夫や社員さんの声などがまめにレポートされてて、投資が身近でリアルなものに感じられます。

参加型の金融教育ですね。体験しながら学んでいける機会はオススメです。投資している会社を見に行ったり、製品を作った人から説明してもらったりできて、臨場感や説得力が全然違う。大人でもワクワクしますよね。

　お金って数字だけになりがちで、イメージしにくい面が大きい。だから、実際に自分が投資したお金を、会社がどんなふうに使って、どんなものを生み出し、それが社会にどう影響していくのか、そういったことを実感をもってイメージできる経験は、子どもはもちろん、大人にとっても得難いものになると思います。

まぁ、我が家の息子の場合は、その後部活で忙しくなったせいか、もっぱら私の金融教育になりましたけど。

　とはいえ、大学入学後は証券口座を開くのは自然にやっていたし、お小遣いの範囲でつみたて投資は始めたらしい。投資なんて縁がなかった私の学生時代と比べたら雲泥の差なので、よしとします！

Q

家族で投資に参加するときの注意事項は？

投資を行うなら、家庭内でのバランスや連携も大事です。夫婦で家計を一緒にしている場合など、**家族全体でポートフォリオを分散**させたほうがリスク管理はできます。

投資は金銭面の充実だけでなく、金融教育という面で、子どもにとっても大人にとっても大変有効です。学校で金融教育がはじまったこともあり、親子で投資の勉強をはじめる家庭も増えています。

子どものうちから自分の証券口座を作って投資をすることは最高の勉強になります。大事なのは、年齢にかかわらず、親子とも**知識を身につけながら少額から始めること**。数字の増減に一喜一憂するのではなく、社会のなかで金融というシステムがどのように機能しているのか、ぜひ親子で体験しながら投資に参加していきましょう。

✦家族みんなで投資をするなら…

☑ 家計単位でポートフォリオを考えよう

夫婦共働きなど、家計を担う人が複数人いる場合、全員の資産を分散させたほうがリスク対策になります

☑「投資」は実地で学んでいこう

年齢にかかわらず、「投資」は知識だけでなく経験も大事。初めのうちは少額でリスクを抑えながら、はじめましょう

☑「お金の話」を生活の中でしよう

「今もっている商品は、今日のニュースに影響はあるかな？」など、社会情勢を自分ごととして考えたり、話したりする習慣づくりを

今は100円から投資できる時代！子どもでも、お年玉やお小遣いを投資してみてもいいですね。少額でも投資をすると、社会の動きを「自分ごと」として見るきっかけになります

確かに！　食卓でニュースを見ながら、「インフレ」「円高・円安」って単語がフツーに出るようになりました！

八木'sポイント

日本人が身につけたい、お金と上手につき合う方法

金融教育といえば、八木センセイの得意分野！　ズバリ、いま日本人に一番必要なお金の知識って何ですか？

ズバリお答え……となるかはわかりませんが、**「お金の先にあるゴール」**を思い描く力、かしら。

我が家では、おこづかいは、**「自分のためのお金・誰かのためのお金・貯めるお金」**の3つの貯金箱に分けていました。今すぐ使うためのお金・大切な人へのプレゼントなどに使うお金・大きな買い物のために貯めるお金、という感じです。

面白い！　特に2つめの誰かのためのお金。確かにお祝いや感謝の贈り物ってあるし。子どもが周囲とのつながりを大事にする気持ちが育まれそう～♪

大人にも有効ですよ。というか、大人のほうが大事かもしれません。投資でお金が増えるのは結果。そもそも投資とは、投資先の成長を期待して、未来の発展のためにお金を投じる行為ですから。

確かに……。「誰かが喜ぶ→社会がよくなる→商品やサービスを作った

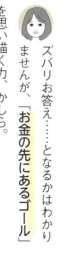

◆親子で「お金の先にあるゴール」をイメージしてみよう！

自分のためのお金

親 欲しかった洋服
子 文房具、おやつ
など

誰かのためのお金

親子
家族や友人へのプレゼント、寄付
など

貯めるお金

親 家を買うお金
子 夏休みの自転車
旅行費
など

会社が儲かる→投資した人も儲かる」って流れですね。

寄付などが欧米に比べて根付いていない面も、「誰かのために使うお金」という視点をもつことで変化するかも。

お金はあくまでも道具。何かと交換して初めて価値があるものです。その「お金の先にあるゴール」をイメージしながらお金とつき合う力を、子どもも大人も育んでいけるといいな、と思いながら日々活動しています。

イメージする力、身につけます。

投資経験者に聞きました！

よかったこと　気づいたこと　変わったこと

＊（年代・投資歴）

つみたて投資を始めたときは不安でしたが、年を経るごとに増えていて、こういうことか！と**仕組みが理解できた。**（40代・20年未満）

金融リテラシーが高まる。ニュースが面白い。**経営者と話が通じる。**（30代・20年未満）

個別株投資で、**企業価値を勉強することが楽しい。**（40代・20年未満）

波があっても順調に資産が増え、**お金に働いてもらうって楽**と実感中。（40代・10年未満）

お金が増えた。社会・経済の情勢に興味を持つようになった。（多数回答）

アベノミクス相場時や2023年～の上昇相場の時期は、日々ぐんぐん含み益が増加。**ピケティの法則（r＞g）を実感。**（50代・20年未満）

投資信託は簡単に解約もできるため、貯金感覚でできる（成果は貯金以上）。株主優待などをきっかけに、**親子でお金について話す**ようになった。（40代・20年未満）

好きな商品のメーカー、地元に工場がある企業など、応援している企業が環境問題などに力を入れていると嬉しい。**投資で社会に貢献**できている感覚がいい。（50代・10年未満）

ピケティはフランスの経済学者。「資産を持つ人はより裕福になり、労働でしか富を得られない人は相対的に裕福になれない」ということを表した不等式「r > g」が有名ですね

10バガーの感動を知った。**インフレ時代に資産を管理することの大切さ**を知った。

（50代・20年未満）


クルーズ船を運航する会社は配当が良く、株主優待券を使うと割引率がよくお得に乗船できる。航空系の株主優待券は半額でチケットが購入できる。電鉄系でグループ企業としては大きな企業は株主優待券がさまざまなサービスで使えてありがたい（乗車券、美術館、映画、ホテルの宿泊とレストラン、人間ドック等）。

（50代・20年以上）


経済の変動があった際、配当所得など収益源の多様化でリスクの分散ができていると安心できた。インフレや通貨の価値低下に対し資産の保全ができた。経済へ貢献している実感がある。投資判断に繋がる学びと成長があり、**将来の不安が減った。**

（50代・20年未満）


「株価は理論通りに動かない」と知ることで、仕事、子育て、介護でも、「自分がコントロールできることの少なさ」を実感、ありのままを受け入れられるようになった。**NISAやiDeCoなど新しい制度を理解できる知識**が身についた。資産や配当所得を持つことで、余裕をもった働き方を検討する道が見えた。

（30代・20年未満）


現状の日本や世界の政治・経済などから想像するに、投資をしていなかったら金銭的におそらくもっとひどいことになるわけで、**やらないよりははるかにマシなことをやっているという自己肯定感**を持てている。

（50代・10年未満）


外国債で10年満期で1・5倍になった。（50代・20年未満）

投資金を捻出するため、**無駄使いが減った。**

（40代・5年未満）

「お金が増えた」や「金融への興味や知識が増えた」って声が大多数ですね！

投資経験者に聞きました！

失敗したこと　へこんだこと…　気づいたこと

＊（年代・投資歴）

個別株投資で**信用買い（3倍）で、米国市場が大暴落**したとき。翌日の朝、あまりの恐怖に呆然とし思考停止。娘のお弁当のおにぎりの具を間違えた。結果、大きな含み損となったものの借金を負うことはなく何とか生き残れた。
（50代・20年未満）

多少の損も勉強の内だったので失敗したなと思ったことはない。
（50代・10年未満）

投資にお金を回しすぎて、現金預金の割合が少なくなり、急な医療費の支払いに困ったことがある。
（40代・20年未満）

応援している企業の株が含み損マイナス40％で塩漬けですが応援なので持ち続けるつもり、という試練。
（50代・20年未満）

予想どおりにいかないことはよくあるが、目標やリスク許容度に合わせて投資先を分けていれば後悔はない。
（30代・20年未満）

NISAではない特定口座での投資は、利益が出ても税率が約20パーセントと大きく、**税金を引かれた後の金額を見るとがっかり**する。
（50代・20年以上）

ついつい前のめりでやらかしちゃうのは、私だけじゃないのね（ほっ）

若いころは思ったような値動きにならないとき、失敗したなと思ったが、最近は**株価に一喜一憂しない**ので投資しなきゃよかったと思うようなことがなくなった。（50代・10年未満）

某国内企業の株を購入したとたん、株価が下がったとき。**やっぱり株は投資信託よりもリスクがある**、と実感した。（50代・20年未満）

リーマンショック大暴落のときは、投資しなきゃよかったと思ったが、その後、戻ったので今は思っていない。（50代・20年未満）

アベノミクスの前（2011年くらい）に国内株式をいくつか購入。ちょっと**値下がりしたことでビビって売ってしまった**。あのとき売却してなかったら今何倍にもなってるのでとても後悔している。（40代・20年未満）

将来的な出口戦略が絶対に必要。うまく取り崩して**死ぬまでに満足の行く消費行動を取れなかったとしたら**、「投資しなきゃよかった」と思うはず。（50代・10年未満）

FXではかなり損失を出している。ただ、儲かるときも大きいので、なかなかやめられない。（50代・20年以上）

義理のお母さんから誘われた暗号資産。**会社がつぶれ数万円は戻ってこず…**。文句も言いにくく、いまだにモヤモヤしている。（40代・10年未満）

どうしたらいいか、よくわからず、普通預金にずっと置いていた。**もっと早くから投資しておけばよかった**。（50代・5年未満）

FXや信用買いで損失を出している人、多いですね。暗号資産などでお金が戻ってこないケースは詐欺の可能性も。次章で解説しています！

プロの本音トーク

投資の「情報」、どう見極める？

現在の資産形成はインデックス投信がベースの私。でも、これまで、株式投資やアクティブ投信、いろんな投資をやってきました。元来、好奇心旺盛なタチで山っ気もあるほう。雑誌編集者をしていたこともあり、多方面の情報を集めて参考にしていました。

ここ最近の大失敗は、アメリカの投資家、ジム・ロジャースの本を読んだとき、「ロシアは資源が豊富で成長が見込める。投資先として素晴らしい」とあって「確かに、そうかも」と、その日のうちにロシア株のファンドを購入したこと。その後、1年もたたないうちに、ロシアのウクライナへの侵攻がはじまり、あっという間に評価額が8割減に。投資信託でもここまで下がるの⁉　と唖然としました。ここまで来たら、どこまで行くかウォッチしていこうと思っています。

ロシア株ファンドは、私の資産のごくごく一部、大きなダメージを受けたわけじゃありません。ただ、私のなかで「ジム・ロジャースが言ってるなら……」と人任せな気持ちで購入してしまったことは自戒。もう少し自分でも調べたうえで投資していたらと自省しています。**投資は、自分で納得して買う**。これに尽きます。100％成功している人はいませんが、失敗は最小限におさえられるようにしたいものです。

4章

これって損してる？
注意したい商品
＆投資詐欺

金融機関で売られている
選ばなくていい商品、
投資詐欺の手口、
ぶっちゃけます！

「今だけ」「あなただけ」「必ず儲かる」には要注意！

投資に関することで一般の投資家が気をつけたいのは、次の3つです。

- **高い手数料**
- **リスクの高い商品**
- **投資詐欺**

高い手数料の商品を選んでしまうと、せっかく得た**投資の利益が減る**ことになります。

必要な手数料以外は、できるだけ払わずにすむようにすることが大事です。

そのために、コストが低いネット証券の利用をオススメしていますが、どうしても直接説明を聞きながら申し込みをしたい、という人もいるでしょう。

そんな人のための注意点をこの章では紹介します。

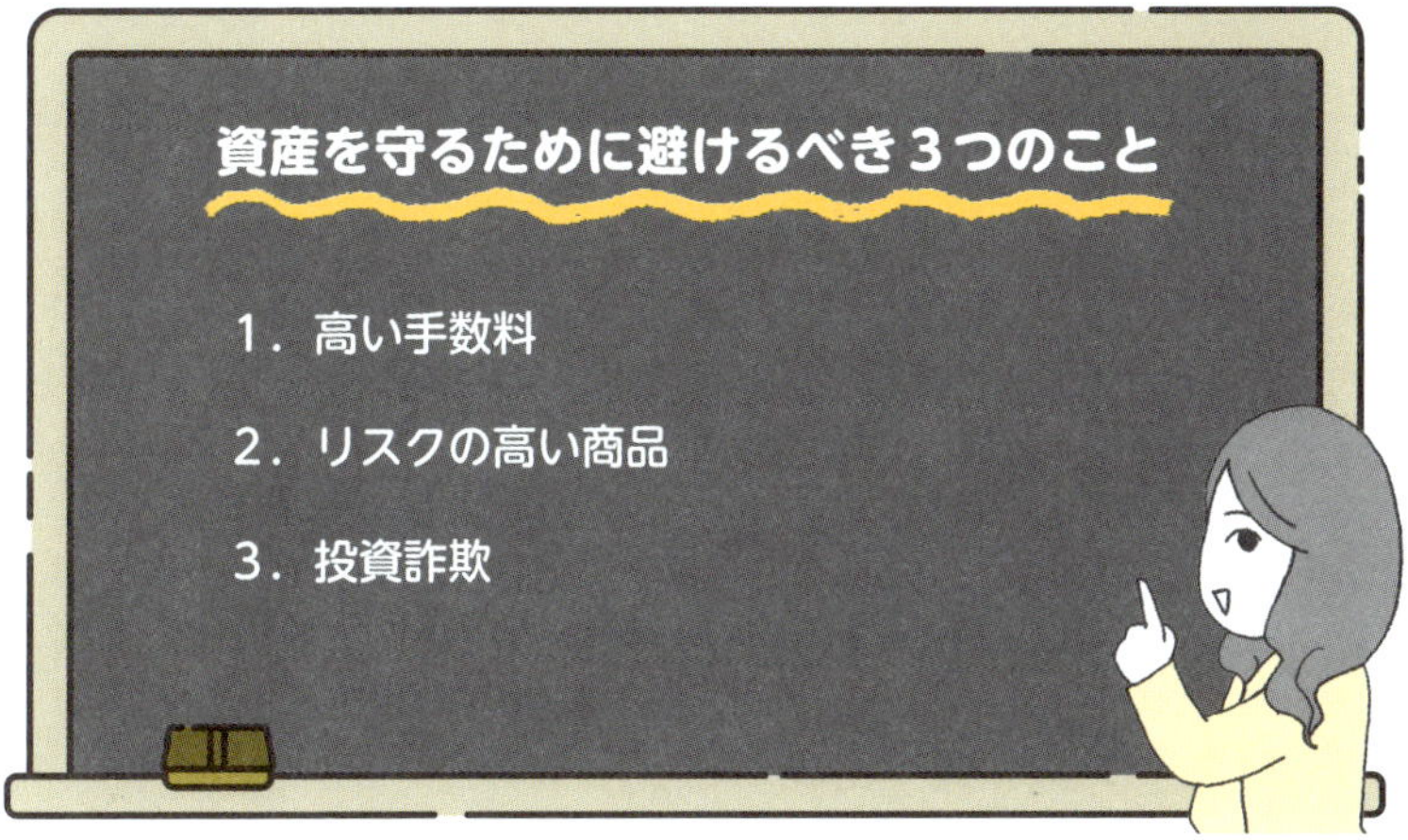

信用取引を用いた短期トレードや暗号資産などのリスクの高い商品には、初心者は手を出さないことを強くオススメします。

特に、リスクの大きい信用取引は損失が出た場合は元手を失うだけではすまず、借金を抱えることにもなり得ます。

その他、投資詐欺などの犯罪に巻き込まれないための知識も掲載します。

あなたの資産と人生を自分自身で守る力をつけてくださいね！

Q 窓口で勧められた商品なら安心？

「金融機関の窓口で勧められた投資商品なら安心」かというと、答えはＮＯです。窓口で熱心にこちらの話を聞いてくれる担当者を信用したくなりますが、ここで勧められる「いい商品」が必ずしも「あなたにとっていい商品」である保証はありません。

「**その会社にとってのいい商品**」を勧めるのは、営利企業として当然の活動です。特に「キャンペーン中」の商品には注意しましょう。会社が売りたい商品である可能性が高く、**手数料が高く設定**されている場合があります。

窓口へ行くときこそ、最低限の知識を身につけた上で行くべき（手数料の種類は次頁）。少しでも疑問に感じることがあれば、納得いくまで質問しましょう。できるだけ、**その場で申し込まず持ち帰って検討する**ようにしましょう。

金融機関とのトラブルの相談ができる金融ＡＤＲ制度もあります（１８６頁参照）。

✦注意！　金融機関ファーストな商品とは？

販売手数料（購入時手数料）が高め

証券会社の収益。購入時に一度だけ徴収される。通常、購入金額の1～3％程度だが、**5％近い商品**も（ネット証券だと無料が多い）

信託報酬が高め

保有期間中、継続的に徴収される。信託報酬の一部が販売会社（証券会社）に配分される。高い信託報酬に適った実績があるか要確認

回転売買を促す商品

市場動向に敏感な商品で頻繁な売買を促し、**そのつど手数料が発生**

複雑な商品構造

仕組債などの複雑な商品は、顧客への説明に時間がかかり、**より高い手数料を正当化**しやすい

毎月分配型ファンド

運用成績が芳しくない場合、**元本を取り崩して分配**することになる

ブランド力のある運用会社の商品

知名度も手数料も高めになりがち。**実際の成績がよいとは限らない**

ん？　販売手数料なんてあったかなぁ…

中山さんはネット証券なのでノーロード（販売手数料なし）の商品が多いかも。窓口販売は人件費がかかるので販売手数料ありが一般的です

八木'sポイント

金融機関に行く前に知っておきたい！ 超・基礎知識

私はiDeCoもNISAもネット証券で始めちゃったので、証券会社の窓口は行ったことないなぁ。

今はパソコンでネット証券にアクセスすれば、投資商品が簡単に購入できるようになりましたからね。

一方で、窓口での対面サービスも依然として存在しており、特に投資初心者や詳細な説明を求める人、パソコンの操作が苦手な人にとっては重要な選択肢です。116～117頁でネット証券での口座開設の方法は紹介していますが、「窓口で確認しながら購入したい」という人もいるでしょう。そんな人のために、**手数料の相場**と**注意商品**を次頁に載せておきます。153頁の証券会社が売りたい商品の傾向と併せて参考にしてください。

金融機関の利益と顧客の利益は、必ずしも一致しないので、自衛は大事です。

そうそう、「80歳代女性に複雑な仕組債購入を不当に勧誘。1140万円の損失」って報道、ありましたよね。

大手都銀系列の証券会社でした。家族や友人には知らせておきたい！

◆投資信託を購入する際にかかる主な手数料

①購入時手数料（販売手数料）

購入時に一度だけかかる。0～5% 程度

＊近年は**ノーロードファンド**（購入時手数料無料）も増

②信託報酬

保有期間中、毎日少しずつ差し引かれる運用管理費用。**年率0.1～2.5% 程度**。インデックスファンドは低く(0.1～0.4% 程度)、アクティブファンドは高めの傾向

③信託財産留保額

解約・換金時にかかる手数料。**0～0.3% 程度**

＊近年は**無料**のファンドも増

この3つの手数料は必ず
チェックしましょう

◆インデックスファンドの手数料（信託報酬）の相場

平均的な信託報酬は年率 **0.1～0.4%** 程度
最も低コストなものでは **0.05%** 程度のものも

◆金融庁が注意喚起している商品（初心者は近寄らない！）

仕組債・ファンドラップ・FX・バイナリーオプション・信用取引・レバレッジ型 ETF・暗号資産・毎月分配型の投資信託

仕組債も毎月分配型の投資信託も、
金融庁がダメ出ししてる！

Q 退職、相続など、大金を手にしたら気をつけることは?

「退職（または相続）したら金融機関から電話がかかってきた」というのはFPの仕事をしているとクライアントから、よく聞く話。退職金や遺産という大金を手にしたみなさんは、金融機関にとって有望なお客様候補、というわけです。

特に気をつけたいのは、銀行の**「退職金プラン」**、証券会社の**「ファンドラップや仕組債、毎（隔）月分配型の投資信託」**、保険会社の**「変額保険などの運用型商品」**などの商品。いずれも、高い手数料が設定されていたり、資金を自由に使えなかったり、リスクが高かったり……。必ずしも、勧められた商品がよいとは限りません。

人生後半、資産を守って有意義に過ごすために自衛は必須です。

✦大金が入ったら…銀行からの営業パターン（例）

1．銀行から電話で、退職金入金の**お祝いと共に面談**の提案

2．面談に応じると、通常以上のおもてなし（**応接室での対応**など）

3．以下のような金融商品を提案
投資信託、**外貨建保険**、定期預金、NISA口座での投資
※「しばらく使わない資金」として高利回りの商品が提案される

4．「お客様扱い」の雰囲気に、十分な検討なしに契約してしまう

適切な対応は…

☑「**家族と検討します**」と伝えて帰りましょう

☑ そもそも**面談に行かない**のが一番

気をつけたい商品は…

金融機関	注意したい商品
銀行	退職金プラン
証券会社	ファンドラップ　仕組債　毎（隔）月分配型の投資信託
保険会社	変額保険などの運用型商品

どうしても金融機関で相談したいときは、複数の金融機関の提案を比較検討しましょう。**「その場で契約」はNG**です

退職金はないけど…本書がミリオンセラーとなったら気をつけます！

八木'sポイント

退職金狙いの商品は、ここをチェック＆注意

定年でもらえる退職金、ちょっと調べてみたら、1000万円前後〜2500万円前後……って大金じゃないですか！　これは金融機関が放っておきませんねぇ。

銀行、証券会社、保険会社……さまざまな金融機関が「退職金の資産運用」向けの商品を用意しています。

そのものズバリのネーミング商品では銀行の「**退職金プラン**」がありますね。投資商品と年7％などの金利の高い定期預金がセットになっていて、「定期預金なら元本保証でお得！」と思いきや、金利がつくのは3ヶ月のみで、セットの運用商品で**金利分を上回る高い手数料**がもれなくついてくるといった仕掛けがあるなど、油断ならない条件があります。中途解約に制限もありますし、その他の運用商品や不動産投資のセールスを受けることもあります。

7％の金利って投資するよりいいじゃんって思ったけど、やっぱりそんなうまい話はないのかぁ。安心な定期預金とかで対面営業に誘うドアノック商品（セールスのきっかけ作り）的なものも多

そうですね。**ファンドラップ**ってのもよく広告で見かけますけど、これは何ですか？

ファンドラップは「投資のプロ」に資産運用を一任するサービスです。最低投資金額が３００万円程度からと高額。信託報酬のほかに、**口座管理手数料（年間1〜2％程度）**がかかります。投資判断を全て金融機関に委ねるため、自身での運用の自由度は低くなります。

えーっと、自分で投資商品が選べなくて、しかも手数料が1〜2％もかかるって何がメリットなのかしらん？

「プロにお任せできる」という「安心感」が売りでしょうか。ただし、投資商品のため運用状況によっては**元本割れのリスク**はもちろんあります。

うーん、「ちょっと何言ってるかわからない」状態。本書の読者には必要ない商品ってことでいっか。

そのほか、変額保険など、保険料の一部を株式や債券などで運用する保険商品もあり、こちらは「老後の資産運用と保障」が売り。信託報酬のほかに**特別勘定の管理コスト**が別にかかります。

「そもそも投資や保険がどれだけ必要で、どれだけ預金で持っているべきか」なども含め、焦らず検討するのが大事ですね。

Q 投資詐欺を見抜く方法ってありますか？

「高い手数料で損をした」どころではすまないのが投資詐欺。

投資詐欺にあうと、**大半のお金は戻ってきません**。

近年では、ＳＮＳを利用した新たな手口の詐欺が増加しています。インフルエンサーや芸能人、著名な経済評家の写真を無断で使い、ＬＩＮＥなどのダイレクトメッセージに誘導して投資を勧誘するものが多く、被害は後を絶ちません。

被害者の年齢層は幅広く、20代以下から70代以上までに及んでいます。

投資詐欺にあわないシンプルな方法は、「**必ず儲かる金融商品はない**」と知ること。「絶対儲かるよ」と言う人には近づかないことです。

もしも、おかしいなと思うことがあれば、金融庁金融サービス利用者相談室（１６３頁）等に確認・相談しましょう。

◆コレに注意！　投資詐欺でよく出るフレーズ集

「□□さんだけに…」
公には出回っていない特別感を装い勧誘

ありえない「高利回り」
「月利３％」など**非現実的な高い利回り**で勧誘

「元本は保証されます」
リスクがないかのように装い、**元本が保証されると偽る**

「今買えば必ず値上がりします」
「いま投資しないと機会を逃す」と焦らせ冷静な判断を妨げる

「○○さんもやってます！」
芸能人や知識人の名前を無断で使い、信頼性を装う

「未公開株」や「私募債」
通常、幅広い投資家に未公開株や私募債の取引の勧誘はない

「海外投資」の強調
確認がとりづらい**海外案件**で実態を隠す

「プロ向けだから高収益が期待できる」
プロ投資家向けの高リスク商品を一般消費者へ勧誘

「金融庁から認可を受けている」
公的機関が投資の勧誘を**民間業者に委託・指示することはない**

「××証券」とそれらしい社名
金融商品取引業者としての**登録がない業者**が違法に勧誘

「月利３％」って、年利にすると…

年利 36％です。積極運用で５％ですから、ンなわけないでしょ！って数字です。金融リテラシーが身につくとわかってきますね

八木'sポイント

騙しのプロが使う手口を知ろう

SNSのなりすまし広告、よく見かけます。インフルエンサーや経済評論家の写真が載っていて本物か迷うレベル。

「お金を振り込んだのに、返ってこない」と本人の事務所に連絡があって判明する、と。広告をクリックした人をLINEなどに誘導する手口が多いですね。

SNS型投資詐欺の被害は、警察庁の資料では2024年1～5月の認知件数は3049件で前年同期の約6・3倍、被害額は430・2億円で約8・8倍。総数3049人の内訳は男性と女性がほぼ同じぐらい。年齢層は、**50代と60代が半分以上**。SNSビギナーで、老後資金の活用を検討しはじめた世代と考えられます。

SNSの他、**電話を使って複数の業者を装い**、「その株を買ってくれたら、後日高値で買い取る」などと勧誘される手口や、太陽光発電やiPS細胞などの話題の新技術に関する**知的財産権などへの投資**など、あらゆる手法があります。

実在する登録業者を騙《かた》るものもあり、細部だけで見抜くのは難しいケースも。少しでもおかしいと感じたら、金融庁などの公的機関へ相談してください。

◆投資詐欺の手口いろいろ

SNS 型投資詐欺

SNS の**ダイレクトメッセージなどへ誘導**して勧誘する手口

劇場型投資詐欺

複数の詐欺師が役割分担をして、被害者を騙すストーリーを演出。カフェなどで入れ替わり立ち替わり勧誘するケースが典型例

投資セミナー型詐欺

投資セミナーを開催し、詐欺的な金融商品への投資を促します。基礎知識の解説内に詐欺的な勧誘を紛れ込ませるパターンが多い

未公開株・私募債詐欺

価値の分かりにくい**未公開株や私募債**を高値で販売

ポンジスキーム

資産運用を騙って資金を集め、運用の実績がないまま**配当金と偽って資金の一部を返金し**、資金がある程度集まった時点で逃げる手口

- **金融庁金融サービス利用者相談室**

「詐欺的な投資に関する相談ダイヤル」
電話（ナビダイヤル）：0570-050588
※ IP 電話からは、03-6206-6066
※応対内容の明確化等のため、通話を録音しています

WEB サイトからの受付
https://www.fsa.go.jp/opinion/

- **消費者ホットライン 188 番（いやや）**

契約に関する事業者とのトラブルなどを相談できます
「188」で最寄りの相談窓口を案内してくれます

プロの本音トーク

新旧いろいろ「ポンジスキーム」

ポンジスキームの名称は、1910年代〜1920年代にかけてアメリカで活動したチャールズ・ポンジという詐欺師の名前からきたもの。日本においては出資金詐欺ともいい、高利回りを騙《かた》って投資家から資金を集め、実際には運用せずに新規投資家からの資金を古い投資家への配当とする手法です。

不動産や株式をはじめ、自己啓発や環境保護プログラム、健康食品、美容関連商品など幅広い投資対象でかつ、高齢者をターゲットとしたものが多い傾向がありました。でも、最近はSNSが普及し、若者対象のものも目立ちます。たとえば、暗号資産を利用したもの。次世代のビットコインなどといって偽りのプロジェクトが登場したり、クラウドファンディングをうたったり。高利回りで実現可能なプロジェクトのように見せかけて資金を集めています。

相場に比べ**高利回り**、**元本保証**、紹介システムで**手数料が入る**などの甘言で誘き寄せ、資金が集まって逃げる直前は、**増資を促すキャンペーン**、**出金の制限**、**配当の支払い遅延**、**連絡の頻度の低下や不通**が起こる傾向があります。知識が身についてくると、「月利３％？　年利にしたら36％ってバフェットでも無理でしょ！」とおかしなことを察知するアンテナも磨かれるはず。不審なものには近寄らず、公的機関へ連絡・相談してください。

コンサル
実例

八木センセイのFP相談、初公開！

＊希望者を募り、実際に八木センセイに相談した内容を編集しました。
多くの人の参考となるように、相談内容は一部加工しています。
運用のシミュレーションは、複利で計算しています。

つみたてシミュレーター（金融庁）、金融電卓（ウェルスアドバイザー）で試算しています。

Q 投資初心者、何から始めたらいいですか？

社会人2年目、実家から出て一人暮らしを始めたばかり。

将来必要になるお金をどう準備していけばいいか教えてほしいです。

投資は未経験、NISA、iDeCoに興味があります。

リスクをなるべく減らして、できるだけお金を増やすためにはどうしたらいいかを知りたいです。

自分なりに調べて検討し、生活に無理のなさそうな方法で老後資金を用意するとして、
次のように計画してみました。

「**毎月3万5000円、定年（65歳）まで積み立てる（元本1800万円）**」

この方法は、どうでしょう。アドバイスをお願いします。


（20代・会社員・独身）

入社2年目さん

収入	360万円／年（手取額）
資産	普通預金（50万円）
NISA口座	無
iDeCo口座	無
その他	独身、賃貸暮らし

希望、聞きたいこと

- 年金がどうなるかわからないので老後のお金を貯めておきたい
- 将来的には車も買いたい
- 結婚などの人生の転機で使えるお金も準備したい
- 定年まで3.5万円／月をNISAで積み立てする方法はどうか？

20代から老後のことを…
エラすぎる

投資は時間を味方にできますから、
とてもよい考え方ですね

八木センセイの提案は次頁！

八木'sポイント

「将来のお金」と「今を生かすお金」に分けて運用

新しい生活は投資をはじめるタイミングとしてもよいですね。収入の1～2割を貯蓄や運用に回すのが理想です。

検討された定年まで毎月3万5000円を積み立てる案、すばらしいですね。時間を味方にすることで、リスクを減らしながら資産を築くことができます。

さらにご提案するなら、3万5000円を分けて考えること。「**お金を色分けする**」などと表現しますが、たとえば、2万円は老後資金など遠い将来のため、1万5000円は今を含む近い将来に生かすお金として貯蓄や投資することをオススメします。

1万5000円で貯めたお金は**稼ぐ力をつける自己投資**など、必要に応じて使いましょう。若いうちは仕事に必要な資格をとったり経験を積んだりすることが効率よく資産を増やすことにつながります。

過ぎた浪費でなければ、車を買うなど、楽しむためにお金を使うことも人生の潤いです。NISAであれば使うタイミングも選べます。

老後資金と決めて絶対使わないお金なら、**iDeCoや企業型DCを使うと所得税がお得**になります。

ご提案 3.5万円／月、使い道を分けて運用プラン

2万円／月 iDeCoまたはNISAで「**将来のお金**」

→ **約2364万円**（40年・年利4%で運用した場合 ＊元金960万円）

1.5万円／月 貯蓄やNISAで「**今を生かすお金**」

→ **約221万円〜**（10年〜・年利4%で運用 ＊NISAで取り崩さなかった場合）

＊いずれも**オルカンなどのインデックス投信**を利用
＊**給料3ヶ月分の預金**は別で貯めておく
＊リスク軽減するなら**債券ファンド**を入れてもOK
＊収入に応じて「今を生かすお金」の**金額を見直し**していく

ポイント

- ☑ **5年以内に必ず使う**予定のお金は**貯蓄**で準備
- ☑ 1.5万円分は稼ぐ力をつける**自己投資**の資金として使おう
- ☑ 投資がコワイなら少額でも。**1000円単位から**慣れていこう
- ☑ NISA・iDeCo口座の**開設は早めに**（NISAは0円で開設可）

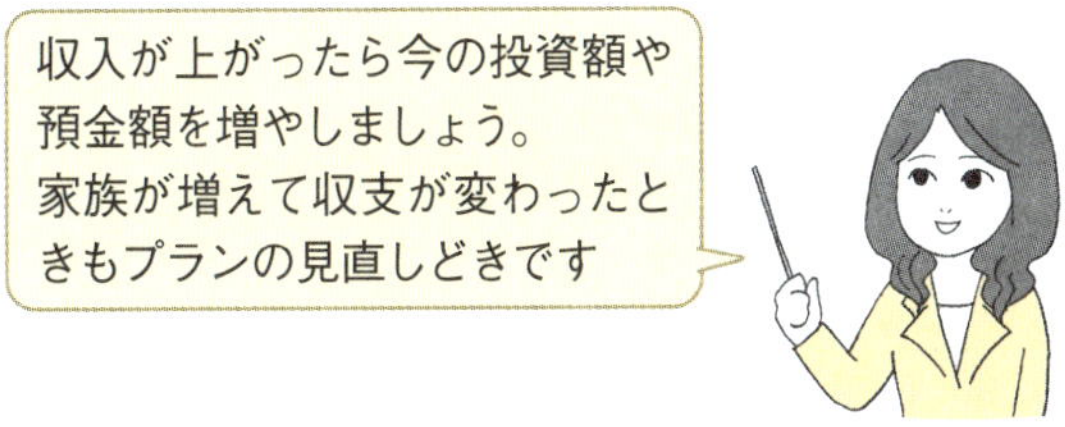
収入が上がったら今の投資額や
預金額を増やしましょう。
家族が増えて収支が変わったと
きもプランの見直しどきです

Q 貯金1000万円＋余剰収入、効果的な運用は？

会社勤め（役員）をしながら、不動産事業での収入があります（ローン無し）。資産は不動産以外は預貯金のみで、株式や投資信託などの投資経験はほぼありません。不動産投資事業は得意だが、地震による被害を経験したこともあり、家族への財産相続も視野に入れて手間のかからない資産運用の検討をはじめたい。事業にかける手間はいとわないが、投資では楽できるスタイルがいい。

収入や生活に余裕はあるが、老後資金や子どもの学費用の資産などを分けておらず、あるだけ使ってしまうため、ＮＩＳＡなどの便利な制度を活用して管理していきたい。「オルカン積立がよい」と聞いたが、他の成長しそうなインド株ファンドにも興味がある。事業では、通常20～30％ほどのリターンを見込んで計画するがＮＩＳＡなどでは利回りはどのくらいを想定すればよいのかなど、基本的なところから教えてほしい。

（40代・会社役員＆事業経営・家族あり）

複業バリバリ高収入さん

収入	1200万円／年（手取額）
資産	普通預金（1000万円）ほか
NISA口座	無
iDeCo口座	無
その他	妻・子ども2人扶養、 不動産所有（賃貸用3軒）

希望、聞きたいこと

- **不動産以外の手間のかからない資産運用をしたい**
- **老後資金、学費など必要な費用を管理していきたい**
- **自宅の購入を検討している**

今ドキの高収入さんで、投資はこれからってパターンね

事業で稼いだお金を管理しながら使うためにも、投資は有効ですよ！

八木センセイの提案は次頁！

八木'sポイント

リスクは事業で。老後や学費の運用はNISA等で堅実に

会社役員として勤めながらご自身の事業経営もされていて、月収は100万円。ローンなどの負債もなく貯蓄も1000万円と優良家計ですね。資産は不動産と預貯金のみとのことなので、流動性の高いNISAを使った投資を始めるのは良い選択。高収入の人は知らないうちに家計も太りがちなので、将来のための資産を先に取り分けて管理するのは正しい判断です。

ご提案は、NISAの他、**iDeCoでの老後資金の積立を加えて節税効果**をさらに上げること。事業のリターンに比べると可愛らしく見えますが、複利効果がじわじわときます。リスクは事業で取り、老後資金は堅実運用をオススメします。

収入・貯蓄ともに十分なので、NISAは**生涯投資枠1800万円を年の限度額360万円使って最短で積み立て**てOK。預金口座とは別に余剰金を置く場所にして、必要に応じて学費や住宅購入の資金として取り崩して使いましょう。オルカンなどの全世界に投資する投信をベースに、インド株投信など、一部のアクティブ投信も検討してもよいですね。生涯投資枠を超える分は特定口座での運用となり、運用益に税金がかかります。

ご提案

老後資金は所得控除しながら小さくコツコツ、NISAで最短つみたて、柔軟に運用プラン

2.3万円／月 iDeCoまたは**企業型DC**で「老後資金」

→ **約844万円**（20年・年利4％で運用した場合　節税効果もあり）

30万円／月×5年 NISAで余剰資金を積立

→ **約3582万円**（5年積立、その後15年・年利4％運用した場合）

余剰資金は**特定口座**で**積立運用**

＊**オルカン**やアクティブ投信を利用
＊学費や住宅資金などは、**必要に応じてNISAや預貯金から**使う
＊リスク軽減するなら**債券ファンド**を入れてもOK
＊**インド株投信**など好みで組み入れてもOK

ポイント

- ☑ 事業とは切り替えて、**地道なマインド**で運用
- ☑ 運用に手間をかけたくないなら、**投資信託**が堅実

事業経営が上手な人は個別株の投資などにも興味がわく傾向アリ。その場合は手間もかかり、リスクも上がることをお忘れなく！

Q 貯めてきた資産、バランスはこれで大丈夫でしょうか？

資産形成には興味があり、以前から定期預金、外貨預金、投資信託、外貨建終身保険などで運用をしてきました。旧NISA時代にSBI証券を開設、株も購入しています。数年前に転職した会社で企業型DCを定期預金で最低額（月4000円）と持ち株（月1万円）を購入。転職と同時に、iDeCo（月1万2000円）もはじめました。

現在、外貨預金と外貨建終身保険が資産全体の半分近くですが、外貨のバランスは大丈夫か気になっています。また、預金、株式、投資信託、保険など資産バランスもこれでよいか知りたいです。企業型DC、iDeCoの商品選びや利用方法も気になります。

両親が保有する家で一人暮らしをしており、住宅購入などは考えていません。

今ある資産を上手に活かし育てながら、生涯にわたり経済的不安のない生活を送るための運用法を身につけたいと思っています。

（50代・会社員・独身）

50代お独りさま

収入	360万円／年（手取額）
資産	預金（380万円） 外貨預金（200万円） 持ち株（20万円） 旧NISAで投信と株（240万円） 投資信託（600万円） 外貨建終身保険（600万円）
NISA口座	有　＊旧NISAの証券会社で自動開設
iDeCo口座	有
企業型DC	有
その他	投資信託は毎月分配型のアクティブ投信

希望、聞きたいこと

- **定年まで働いた後も、経済的不安のない生活がしたい**
- **新NISA、iDeCoで自分に適した商品は何か知りたい**
- **資産バランスの考え方（預貯金、株式、投資信託、保険）**

すごい金融資産！

外貨預金や外貨建商品が円安の恩恵を受けてますね。
いろんな商品を検討し分散しているのがわかります

八木センセイの提案は次頁！

八木'sポイント

外貨と保険は整理、毎月分配型ファンドは再検討を

働き続けながら、しっかり資産形成をされて素晴らしい。住居のお金を運用に回せたのはご両親に感謝ですね。いくつか気になる点を修正すれば、今後も経済的に不安なく生活できるでしょう。

ご提案したいのは、**外貨預金と終身保険**の整理、それから**毎月分配型投信と企業型DC（定期預金）**の再検討です。

外貨は海外旅行などで使う予定がないなら円安のタイミングで売却を検討してOK。また、扶養する家族がなく十分な貯蓄があるので保険は必要ないのでは？　いま解約すると返戻金はいくらか確認してみてはどうでしょう。

いま保有している2つの投信は、どちらも毎月分配型のものを課税口座で運用、さらに配当金は使わずに証券口座に貯めたままのこと。**税金がかかりますし、複利の効果も得られません**。日常の資金として利用しないなら、通常の**再投資型の商品へ替え**、課税口座ではなく**NISA口座での運用**に。外貨や保険を整理した資金と合わせ、定年に向けた運用を。

企業型DCは定期預金ではなく、オルカンに類似した全世界分散型の投信などでの運用を検討してもいいですね。

ご提案

外貨・保険・旧NISA・課税口座のファンドを整理、それらの資金をNISAで運用プラン

30万円／月×5年 整理した資金をNISAで積立

→ **約2420万円**（5年積立、その後5年・年利4%で運用した場合）

＊**オルカン or S&P500**などインデックス投信を利用
＊リスク軽減するなら**債券ファンド**を入れてもOK
＊iDeCoは全世界分散の**インデックス投信の積立**でOK！

ポイント

- ✓ 外貨預金は**使わない分は整理**を
- ✓ **外貨建終身保険の内容を確認**
- ✓ 現在の毎月分配型投信を**再投資型の商品へ**
- ✓ 課税口座で運用しているものをNISAに

ファンド選びはコスパを理解したうえで、自分が納得した商品にトライするのはOKですよ

Q アラウンド定年からの投資、どう臨むべきですか？

定年延長の手続きを済ませていましたが、会社都合で退社することに。その直後に母が亡くなり、積極的な就職活動はせず、相続を含む実家周辺の整理の対応をしています。急に無職となって改めて気づいたのが、無収入でも社会保険などの出費が多いこと。退職金や相続などで資産はありますが、会社員として再就職すべきか悩み中です。

退職金は1年間の予定で銀行の高金利のプランにひとまず預けてあります。旧NISAで毎月1万円を積立した経験から、長期・分散・つみたての効果は実感。他方、少額だけしているFXでは、安定した利益を出すのは難しいと感じています。今回の経験から自分自身の相続で、家族が困らないようにすべきだとも痛感。子ども達がしっかり自立していくためにも、まずは私自身がNISAを含む資産形成の知識を身につけたいと思っています。アドバイスよろしくお願いします。

（60代・退職後の生活を検討中）

アラウンド定年さん

資産	遺産・退職金ほか
NISA 口座	有 ＊旧 NISA 口座（銀行系）で自動開設
その他	再就職するか検討中、持家、妻と子ども（大学生）扶養、新社会人の子ども（別居）もNISA に興味あり

希望、聞きたいこと

- **60 歳からの投資は、どんなマインドで臨めばよいか**
- **相続や退職金で得た資産の運用法**
- **子どもにも資産形成のアドバイスができるよう知識をつけたい**

大きな資産が一気に入ってきてますねぇ

こういうときは減らさない注意が大切。
人生後半、資産を守って有効活用する
ポイントを見ていきましょう！

八木センセイの提案は次頁！

八木's
ポイント

人生100年時代、資産を守りながら運用&活用を

退職と相続が重なったご苦労を資産形成の良い契機ととらえる姿勢が素敵ですね。平均寿命から見ても、まだまだ20年以上ある人生、再就職の如何《いかん》にかかわらず、預金とは別に、NISA制度で資産を運用される方針は良いと思います。

ご提案は、**当面の生活費や5年以内に使う予定のお金は普通預金**でストック、その他の**余剰資金をNISAで運用**すること。**旧NISAの資金は非課税期間内に引き出し**て新NISAで新たに運用してもいいかもしれません。選ぶ商品はオルカンなどの投信の他、リスクを軽減したい場合は債券ファンドの比率を多めに入れるなどして調整するといいでしょう。

定期的に資産を使っていきたくなったら、運用しながら定率で取り崩しを。

都市銀の証券口座でNISA口座を開設されていますが、銀行の対面サービスで**ラップ口座・変額保険・外貨預金**などを勧められても、素通りでOK。

今から投資を始めるお子さんと一緒に**ネット証券でNISA口座を新たに開設・移管**することを検討してみてもいいかも。

また、FXは投資というより投機。資産形成とは別物と心得ましょう。

ご提案

60歳からも余剰資金はNISAでOK！ ラップ・保険・外貨預金に注意して運用プラン

30万円／月×5年 NISAで余剰資金を積立

→ **約1989万円〜**（5年〜・年利4%で運用した場合）

＊**当面（1年）の生活費や5年以内に使う**予定のお金は**預貯金**で
＊いずれも**オルカン**や**債券**などのインデックス投信を利用
＊**債券ファンドの比率**でリスクを調整
＊旅行などイベントは必要に応じて**預貯金やNISAから**使う

ポイント

- ☑ 資産は**預金**・**債券ファンド**・**全世界分散型の株式**で調整
- ☑ NISAは引き出したら、翌年以降、**元本分が利用可能**
- ☑ **リスクの高い商品**、退職金を狙った**詐欺に注意**
- ☑ NISA口座から定期的に使うなら、**定率で取り崩し**

資産全体のバランスを見ながら、キャッシュ（預金）を多めにしたり債券ファンドの比重を高めにしたり、リスクが大きくならないように調整しましょう

Q 備えは最低限、配当金で今を充実♪ってOK？

個人事業主歴20年弱、巣立ち間際の子ども2人（大学生・就職予備軍）扶養中。投資は、旧NISA時代から独立系投信、iDeCoはインデックス投信をマックスで積立してきました。小規模企業共済の積立も少々。マイペースで働いて生涯現役を希望♪

新NISAは投資枠が広がって使い勝手もよくなったので、投資の主軸をこちらに移しました。具体的には、iDeCoの積立を最低額にし、減らした分は新しくネット証券で開設したNISA口座で、オルカンとS&P500の積立、それから米国高配当ETFと国内高配当株の購入を始めました。独立系投信は積立をストップ、旧一般NISAでそのまま運用し、非課税期間後は特定口座で運用を続ける予定です。

将来に備えつつも、体の動く今のうちに旅行やスポーツや趣味を楽しみたいので、配当金はレジャー費で使いきります♪　気をつけることがあれば教えてください！

（50代・フリーランス編集ライター・扶養家族あり）

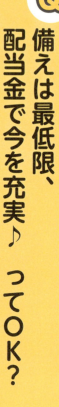

ぼちぼちフリーランスさん

収入	300万円～／年
資産	普通預金（120万円）ほか
NISA口座	有
iDeCo口座	有
その他	子ども（大学生）2人扶養、持家（ローン有）、旧NISA（一般）を独立系投資信託で保有、小規模企業共済でも少額を積立

希望、聞きたいこと

- **高配当株投資にトライ、配当金で今を楽しみたい♪**
- **iDeCo等の積立を減らしNISAを増やす方針。問題ない？**

ローンはもうすぐ完済。65歳以降は年金をもらいながら生涯現役で働くつもりなので、老後の備えは最低限でいいかな～っと♪
ベストセラーが出たら印税も入ってくるし…うしし

読者のみなさん、この発言は「取らぬ狸の皮算用」の見本です。反面教師にしてくださいね！

八木センセイの提案は次頁！

八木'sポイント

現金ストックには余裕を。少額から研究しながらトライ

生涯現役をご希望で「老後の備えは最低限」とのこと。楽天家フリーランスさんならではのライフプランですね。リアルタイムの充実を重視した高配当投資をするにあたり、いくつかご提案します。

まず、**現金（キャッシュ）は現在より少なくならないように注意**を。収入が不安定なフリーランスの場合、生活費6か月分はミニマム、1年分でもいいくらい。

また、個別株は、高値を避けて買うタイミングを選ぶ投資。買い時に向けてきっちり現金をストックしておくことが重要です。売らずに保有し続けるのは、インデックス投資も高配当株投資も同じ。暴落時でも慌てず生活に支障がないようにするためにもキャッシュに余裕を持たせましょう。

「習うより慣れよ」で、ネット証券なら1株から購入できるものもありますが、買い時を見極めるためには市況をある程度ウォッチしたり購入する銘柄の研究も必要です。やってみて合わないと思ったら無理せず撤退も。インデックス投資で資産のベースをつくるしくみがあれば、株式投資もよいと思います。稼いで原資を増やしたほうが効率的に資産を増やせることもお忘れなく！

ご提案

フリーランスの生活費は6ヶ月はミニマム！
個別株やETFは銘柄や買い時の見極めが大事！

5000円／月 iDeCoで「**老後のお金**」を引き続き

2万円～／月 NISA **つみたて投資枠でコツコツ**

?～240万円／年 成長投資枠で**タイミング買い**

＊**生活費6ヶ月～1年は預金**で貯めておく
＊**オルカン or S&P500**などの投信はコツコツ積立
＊個別株、ETFは**高値を避けたタイミング**で購入
＊リスク軽減するなら**債券ファンド**を入れてもOK

ポイント

- ☑ 暴落時に、困らない＆安値で購入できる**キャッシュを準備**
- ☑ 企業分析や市況ウォッチなど、**勉強もしっかり**
- ☑ 少額からトライ、合わなければ**撤退も視野**に
- ☑ 投資だけでなく「**稼いで増やす**」のを忘れずに！

しっかりした企業分析や市況をウォッチして必要に応じてリバランスすることができて、それなりの原資がある人なら、高配当株投資も視野に入れてみてもOKです

センスがないとわかったら、いさぎよく撤退しまーす

困ったときの連絡先＆サイト一覧

消費者ホットライン１８８番（いやや）

契約に関する事業者とのトラブルの相談は「１８８」

金融庁　金融サービス利用者相談室
（詐欺的な投資に関する相談ダイヤル）

電話（ナビダイヤル）：**0570-050588**

※ IP 電話からは、03-6206-6066

ウェブサイト受付窓口

https://www.fsa.go.jp/opinion/

金融庁　金融 ADR 制度
（金融分野における裁判外紛争解決制度）

https://www.fsa.go.jp/policy/adr/

運用&取り崩し　資産シミュレーションに使えるサイト

◆ つみたてシミュレーター（金融庁）
https://www.fsa.go.jp/policy/nisa2/tsumitate-simulator/

◆ 金融電卓（ウェルスアドバイザー）
https://www.wealthadvisor.co.jp/tools/simulation/

◆ 資産形成シミュレーター（金融庁）
https://www.fsa.go.jp/teach/simulation/interest_rate.html

投資の定番本&オススメの名著ほか参考文献など

◆『敗者のゲーム』チャールズ・エリス（著）日本経済新聞出版

◆『ウォール街のランダム・ウォーカー～株式投資の不滅の真理』
バートン・マルキール（著）日本経済新聞出版

イー・カンパニー作成の図表など

◆「長期投資」は負けない投資！　表　(P.43)

◆ インデックスとアクティブ、何が違うの？　表　(P.51)

◆ 家計の見直しシート　Excel シート　(P.91)

◆ 長期で投資したら、どのくらいお得？　表　(P.95)

◆ iDeCo・企業型 DC、結局どう受け取ればいい？　図　(P.109)

おわりに

本書の制作にあたり、大学生の息子にも素読み（通読して誤字脱字などチェックする作業）をしてもらったのですが、「いや～勉強になった」とのこと。「企業型ＤＣ、ｉＤｅＣｏについてはほとんど知らなかったし、積立は定額で取り崩しは定率がお得とか、それなって感じ」「コンサル実例で、投資は時間が味方になるって痛感した」と。「投資に興味があるヤツには、この本、勧めとくよ」というありがたい一言もありました（言質をとったので販促してもらいます）。

私だけでなく息子の知識まで満たされ、親子で役に立つ1冊に仕上がりました。投資ビギナーの読者の知識欲も満たされること間違いなしです！

それもこれも全国の親子に絶大なる信頼を得る八木センセイのおかげです。

忙しいセンセイを、「聞き手の私がいるので、センセイは取材を受けるだけで大丈夫です♪」と口説き落とした甲斐がありました。この企画を引き受け、私の執拗な取材に耐えてくださった八木センセイ、そして青春出版社の手島智子書籍編集長はじめ、制作に参加いただいた全ての方に御礼申し上げます。

中山圭子

おわりに

「八木さん、よくこんな黒い業界で頑張りましたね」

そう言われたことがあります。くっ、黒い業界？　金融業界とは、そんなにブラックなの？　でも、そのぐらい、お金や投資は悪いイメージなのでしょう。

「お金は、あなたの家来にも主人にもなる」という名言がありますが、お金の家来にはならず、お金を目標とせず、お金に振り回されないことが大切です。

私自身も、漠然とお金のことが不安だったり、株式投資で欲の皮がつっぱったり、○○ショックのどん底で身震いしたり……これまで、数々の失敗があります。でも、おおざっぱな家計管理で貯めて増やすしくみを実践する中、今、日々の生活で、自分自身のお金について考える時間はどんどん減りました。家族との時間が増えたり、働き方やどんなふうに社会に貢献できるかを考えたりすることが増えました。

お金と上手につき合うことは、幸せな人生を考える一歩になります。

本書を読んだ皆さんが、シンプルな投資を実践して、幸せな時間を増やしてほしいと心から願っています。

八木陽子

今だけ、あなただけ!!
元本保証で
月利10%!

著者紹介

八木陽子　（株）イー・カンパニー代表。ファイナンシャル・プランナー／キャリアコンサルタント。認可法人金融経済教育推進機構（J-FLEC）の運営委員。一貫して顧客の立場に立った「マネープラン」「キャリアプラン」を提案。親子でお金と仕事を学ぶ「キッズ・マネー・ステーション」を主宰するなど金融教育の専門家として活動している。『10歳から知っておきたいお金の心得』（えほんの杜）『マンガでカンタン！お金と経済の基本は7日間でわかります。』（Gakken）など著書、監修書籍多数。メディア出演も多い。

聞き手

中山圭子　出版社勤務を経て、現在はフリーの企画編集者、ライターなどで活動中。悩みを解決しながら本が作れる「一石二鳥の企画」が好き。共著に『超シンプルな青色申告、教えてもらいました！』『フリーランス・個人事業主の超シンプルな節税と申告、教えてもらいました！』。今回は投資ビギナーを代表して、超シンプルな投資法を教わってきました！

新《しん》NISA《ニーサ》にiDeCo《イデコ》…いろいろあるけど
お金《かね》のプロは結局《けっきょく》、これを選《えら》んでる

2024年12月30日　第1刷

著　　者　八《や》木《ぎ》陽《よう》子《こ》
聞き手　中《なか》山《やま》圭《けい》子《こ》
発行者　小澤源太郎

責任編集　株式会社 プライム涌光
電話　編集部　03(3203)2850

発行所　株式会社 青春出版社
東京都新宿区若松町12番1号　〒162-0056
振替番号　00190-7-98602
電話　営業部　03(3207)1916

印刷 三松堂　　製本 フォーネット社

ISBN978-4-413-23389-7 C0034